Hermann Rheinhard

Album des klassischen Altertums zur Anschauung für die Jugend

Hermann Rheinhard

Album des klassischen Altertums zur Anschauung für die Jugend

ISBN/EAN: 9783742870711

Hergestellt in Europa, USA, Kanada, Australien, Japan

Cover: Foto ©ninafisch / pixelio.de

Manufactured and distributed by brebook publishing software
(www.brebook.com)

Hermann Rheinhard

Album des klassischen Altertums zur Anschauung für die Jugend

ALBUM

des

CLASSISCHEN ALTERTHUMS

zur

ANSCHAUUNG FÜR DIE JUGEND,

besonders

ZUM GEBRAUCH IN GELEHRTENSCHULEN.

EINE GALLERIE VON LXXII TAFELN IN FARBENDRUCK NACH DER NATUR UND NACH ANTIKEN VORBILDERN MIT BESCHREIBENDEM TEXT

herausgegeben

von

HERMANN RHEINHARD.

STUTTGART.

HOFFMANN'SCHE VERLAGS-BUCHHANDLUNG (CARL HOFFMANN).

18[illegible].

Vorwort.

Als ich vor einer Reihe von Jahren meinen Atlas der römischen und griechischen Kriegs-Alterthümer veröffentlichte, erhielt ich von mehreren hochgeachteten Schulmännern Zuschriften, die mich aufforderten, in ähnlicher Weise auch die Privat-Alterthümer zu behandeln und für die Schule nutzbar zu machen. Bei der Masse des Stoffes, der hiefür vorlag, musste mir zunächst der Gedanke nahe treten, wo anfangen und wo aufhören, und in zweiter Linie, wie die Darstellungen, welche der Jugend das antike Leben vorführen sollten, auszuführen seien, um ihrem Zwecke wirklich zu entsprechen. Die Geschäfte, welche der Beruf mit sich bringt, und einige Arbeiten auf dem Gebiete der alten Geographie, noch mehr aber längeres Unwohlsein hinderten mich indess, an die Ausführung einer Arbeit zu gehen, die ich aus eigener Neigung und im Interesse unserer studirenden Jugend um so lieber unternommen hätte, als ich auf den verschiedenen Versammlungen deutscher Philologen und Schulmänner wiederholt es aussprechen hörte, wie sehr dergleichen Anschauungsmittel zur Belebung des klassischen Unterrichts erwünscht wären. So musste ich mich zunächst nur darauf beschränken, da und dort Einzelnes zu sammeln, was ich, wenn ich einmal an die Arbeit gehen könnte, benützen wollte. Erst als vor zwei Jahren der Herr Verleger dieser Blätter mich zu Herausgabe derselben aufforderte, nahm ich die Arbeit ernstlich auf und fertigte einen Plan über diejenigen Gegenstände des antiken Lebens, die mir zumeist für die Schule von Interesse dünkten. Ich war mir dabei wohl bewusst, dass die Arbeit keine leichte, dass die Anforderungen an dieselbe höchst mannichfaltig sein, und dass gar manches noch vermisst, manches als überflüssig getadelt werden würde. Allein es sollte einmal ein Anfang gemacht werden, unserer Jugend Mittel zu bieten, die ihr von den bedeutendsten Realitäten des antiken griechischen und römischen Lebens eine möglichst klare Vorstellung geben könnten. Um das Letztere zu erreichen, durften diese Bilder nicht, wie diess in so vielen mit Stoff überladenen Bilderwerken neuerer Zeit der Fall ist, nur in leichten Umrissen und kleinen Figuren gefertigt sein, sondern sie mussten so gegeben werden, dass sie möglichst plastisch erschienen, um einen bleibenden Eindruck zu machen. So entstanden denn die einzelnen Blätter in ihrer dermaligen Grösse und der angewendete Farbendruck sollte wesentlich dazu beitragen, dass die Darstellung klar und bestimmt vor's Auge trete. Die Blätter sind sämmtlich nach Photographien oder nach den grösseren Bilderwerken von Piranesi, Blouet, Zahn, Nicolini, Guillhaud u. a. gefertigt. Wo es mir nöthig schien, erlaubte ich mir freie Composition, wie bei den grossentheils der Trajanssäule und pompejanischen Wandgemälden entnommenen Darstellungen, die das Kriegs- und Seewesen behandeln, der Statue der Vesta (Taf. 70) oder bei der Restauration des Forums, dem Urlichs' Plan des römischen Forums zu Grunde liegt.

Mythologische Abbildungen zu geben unterliess ich aus dem Grunde, weil dann die Zahl der Hefte wesentlich hätte vermehrt und das Werk vertheuert werden müssen, während ich annehmen zu dürfen glaubte, dass wohl in jeder Schul-Bibliothek das eine oder andere Werk über Mythologie vorhanden sein werde, in dem die Göttergestalten vorgezeigt werden könnten*). In der nach einem in den Farnesischen Gärten in Rom befindlichen Gemälde Raphaels gefertigten Götter-Versammlung Taf. 49, die auf den Wunsch der Verlagshandlung der Sammlung einverleibt wurde, sind indess die bedeutendsten Götter zur Anschauung gebracht. In einem Supplement-Hefte dürften vielleicht auch noch einige grössere plastische Gruppen, wie die des Laocoon, und der farnesische Stier, ferner Büsten, Gemmen und Münzen nachgetragen werden. Was den Text betrifft, so konnte es nicht meine Absicht sein, ein Handbuch griechischer und römischer Alterthümer zu schreiben, sondern ich beschränkte mich auf eine hauptsächlich für den Schüler bestimmte Erklärung der einzelnen Tafeln, wobei ich je nach der Natur des Gegenstandes mich manchmal kürzer fassen konnte, manchmal aber auch etwas ausführlicher zu Werke gehen musste.

So übergebe ich denn den Schulmännern Deutschlands diese Arbeit mit der Bitte um nachsichtige Beurtheilung und mit dem Wunsche, dass dieselbe zum Nutzen der studierenden Jugend gereichen möge.

*) Empfohlen kann werden: »Vollständiges Wörterbuch der Mythologie aller Völker. Eine gedrängte Zusammenstellung des Wissenswürdigsten aus der Fabel- und Götterlehre der Völker der alten und neuen Welt, von Dr. W. Vollmer. – Mit 1 Stahlstich und 120 Kupfertafeln (Stuttgart, bei Carl Hoffmann). 2. Aufl. Preis gebunden 4⅓ thlr. = 8 fl. 6 kr. Südd.

Stuttgart, im April 1870.

Der Herausgeber.

Inhalt des Albums.

I. Landschaften und Bauwerke.

a. Griechische.

1) Athen mit der Akropolis.
2) Theseus-Tempel in Athen.
3) Jupiter-Tempel in Athen.
4) Akropolis von Athen zur Zeit des Perikles.
5) Erechtheum in Athen.
6) Propyläen in Athen.
7) Thurm der Winde in Athen.
8) Monument des Lysicrates in Athen.
9) Sparta.
10) Corinth mit Akrocorinth.
11) Eleusis.
12) Minerva-Tempel auf Aegina.
13) Derselbe restaurirt.
14) Neptun-Tempel in Paestum.
15) Säulenordnungen.

b. Römische.

16) Rom vom Capitol aus.
17) Capitol in Rom.
18) Tiber-Insel in Rom.
19) Thermen des Diocletian in Rom.
20) Circus des Maxentius in Rom.
21) Pantheon (aussen) in Rom.
22) Pantheon (innen) in Rom.
23) Forum (restaurirt) in Rom.
24) Colosseum in Rom.
25) Tempel der Faustina in Rom.
26) Bogen des Severus in Rom.
27) Bogen des Titus in Rom.
28) Grabmal der Caecilia Metella in Rom.
29) Grabmal des C. Cestius in Rom.
30) Engelsburg in Rom.
31) Säule des Trajan in Rom.
32) Säule des Antonin in Rom.
33) Theater des Marcellus in Rom.
34) Janus quadrifrons in Rom.
35) Cloaca maxima in Rom.
36) Forum des Nerva in Rom.
37) Nymphaeum der Egeria in Rom.
38) Vesta-Tempel in Tivoli.
39) Ansicht von Pompeji.
40) Strasse und Stadtmauer in Pompeji.
41) Aquaeduct bei Nimes.

II. Das Haus.

42) Römisches Haus (Grundriss).
43) Römisches Haus (Seitenansicht).
44) Saal im Hause des Sallust in Pompeji.
45) Wandgemälde in Pompeji.
46) Mosaikboden.
47) Mahlzeit.
48) Hausgeräthe.

III. Mythologie und Cultus.

49) Götterversammlung.
50) Opfer.
51) Leichenbegängniss.
52) Griechisches Grabmonument, Sarkophag, Relief-Bild eines Sarkophags.
53) Apotheose.

IV. Theater.

54) Theater zu Egesta.
55) Chor.
56) Theater-Scene.
57) Grundriss eines Theaters.

V. Kriegswesen.

58) Alexanderschlacht.
59) Römische Soldaten auf dem Marsche.
60) Allocutio vom Suggestum.
61) Sturm auf eine belagerte Stadt.
62) Schweres Geschütz.
63) Triumphzug.
64) Seewesen.

VI. Kostüme und Statuen.

65) Grieche.
66) Griechin.
67) Römer in der Toga praetexta.
68) Römerin.
69) Caestus-Kämpfer.
70) Vestalin.

VII. Vasen.

71) Vase von Ruvo.
72) Dodwell'sche Vase.

ANSICHT von ATHEN.

THURM DER WINDE

MONUMENT DES LYSIKRATES

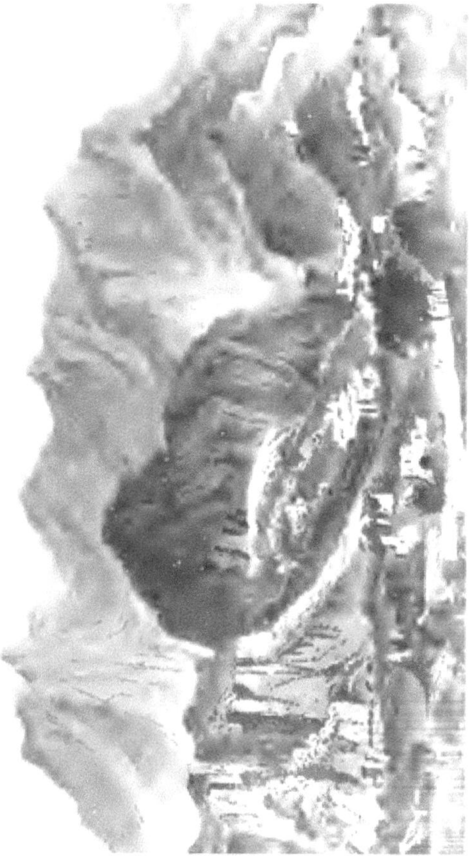

CORINTH

mit Akrocorinth

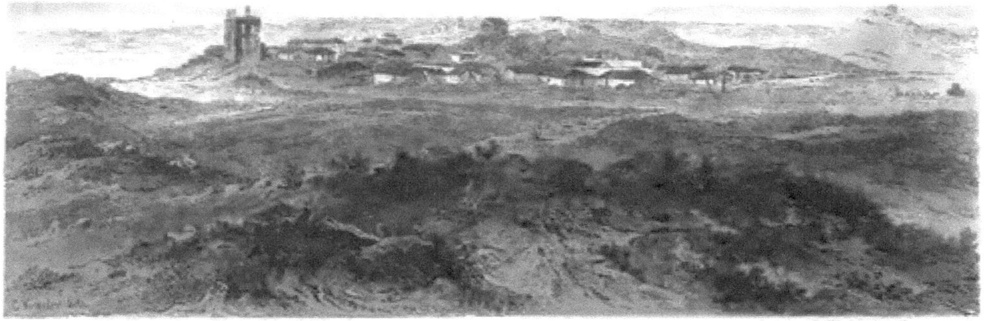

ELEUSIS.

MINERVA-TEMPEL.
auf Aegina.

MINERVA-TEMPEL AUF AEGINA.

restaurirt

NEPTUN-TEMPEL IN PAESTUM

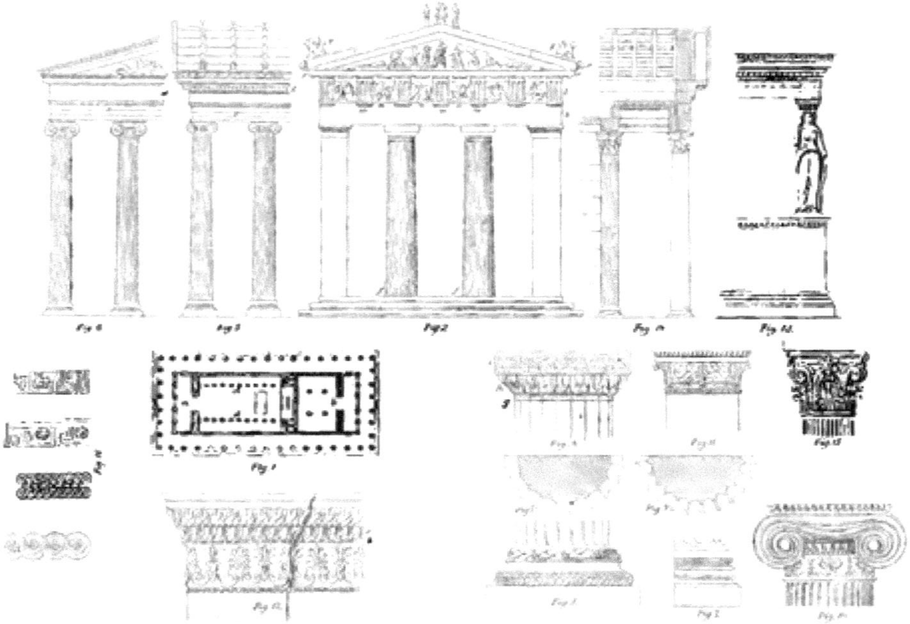

SÄULENORDNUNGEN.

ROM
vom Capitol aus

TIBER-JNSEL.

CAPITOL in ROM.

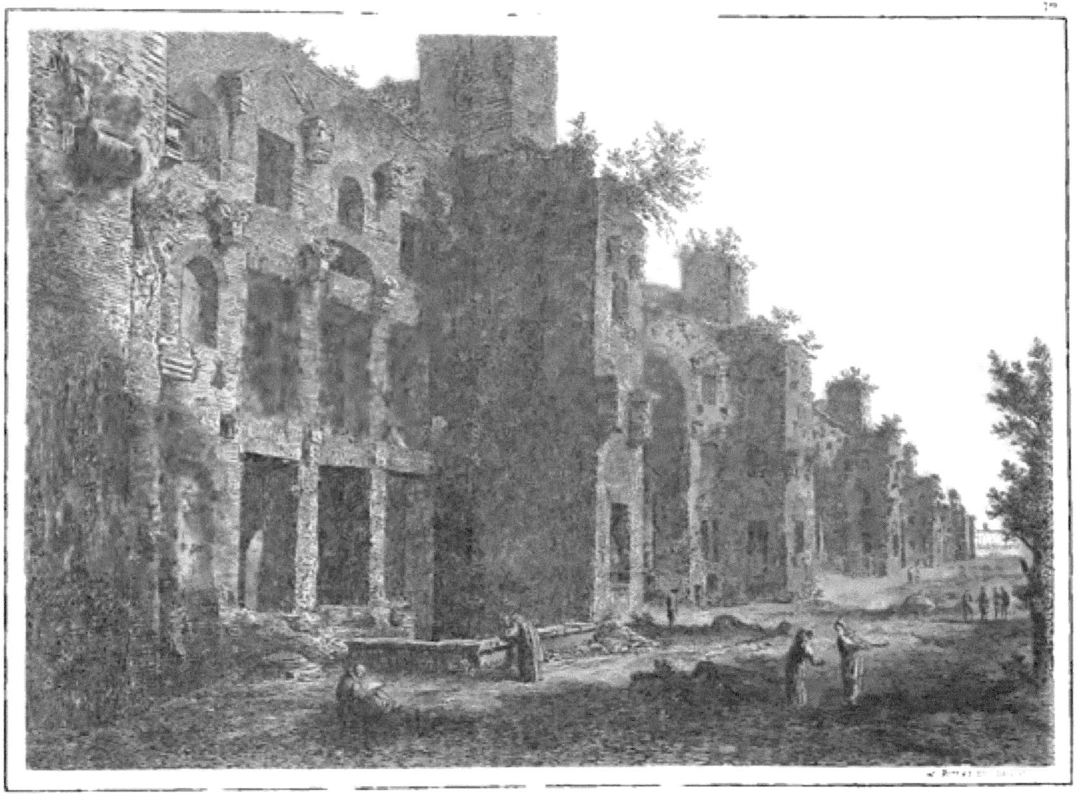

THERMEN DES DIOCLETIAN.

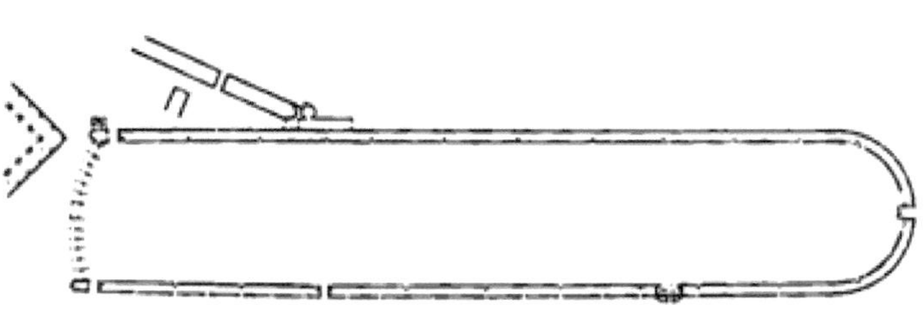

CIRCUS DES MAXENTIUS.

PANTHEON
(aussen.)

PANTHEON
(innen)

FORUM.

(restaurirt.)

COLOSSEUM.

TEMPEL DER FAUSTINA.

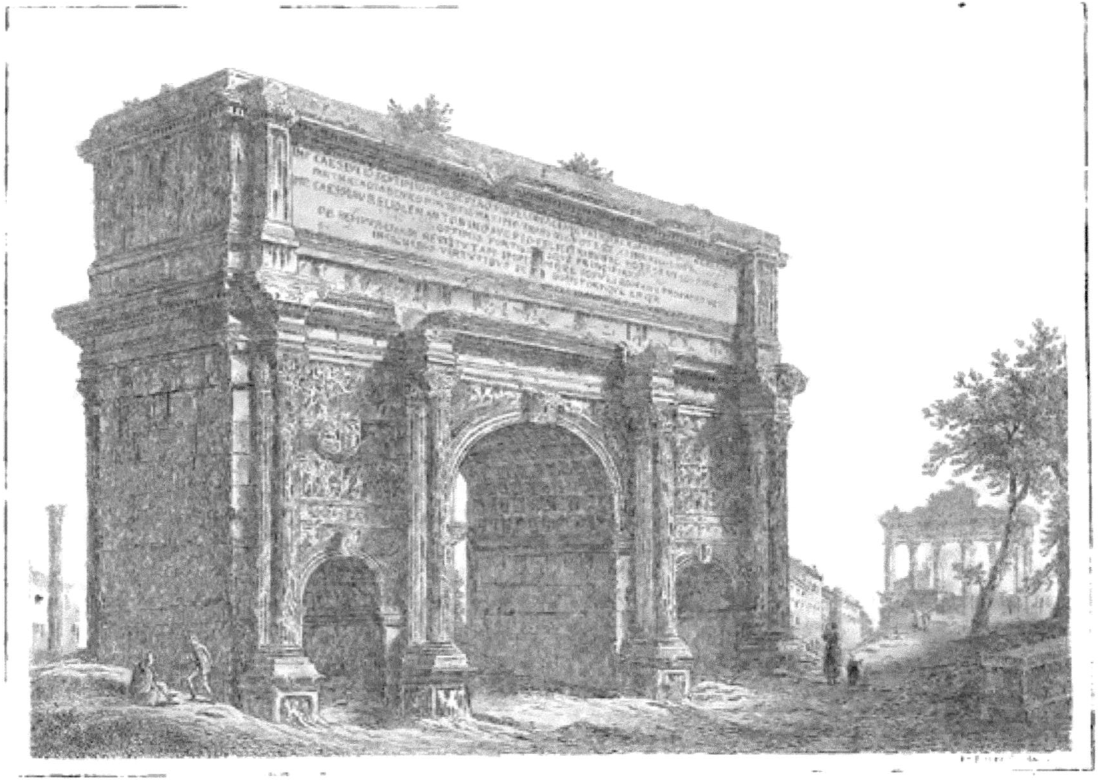

BOGEN DES SEVERUS.

BOGEN DES TITUS.

GRABMAL DER CAECILIA METELLA.

GRABMAL DES C. CESTIUS.

ENGELSBURG.

SÄULE DES TRAJAN.

SÄULE DES ANTONIN.

Hoffmann'sche Verlags-Buchhandlung Stuttgart

THEATER DES MARCELLUS.

JANUS QUADRIFRONS.

Hoffmann'sche Verlags-Buchhandlung, Stuttgart.

CLOACA MAXIMA.

FORUM DES NERVA.

NYMPHAEUM DER EGERIA.

VESTA-TEMPEL

in Tivoli

ANSICHT VON POMPEJI.

STRASSE IN POMPEJI

AQUAEDUCT bei NIMES.

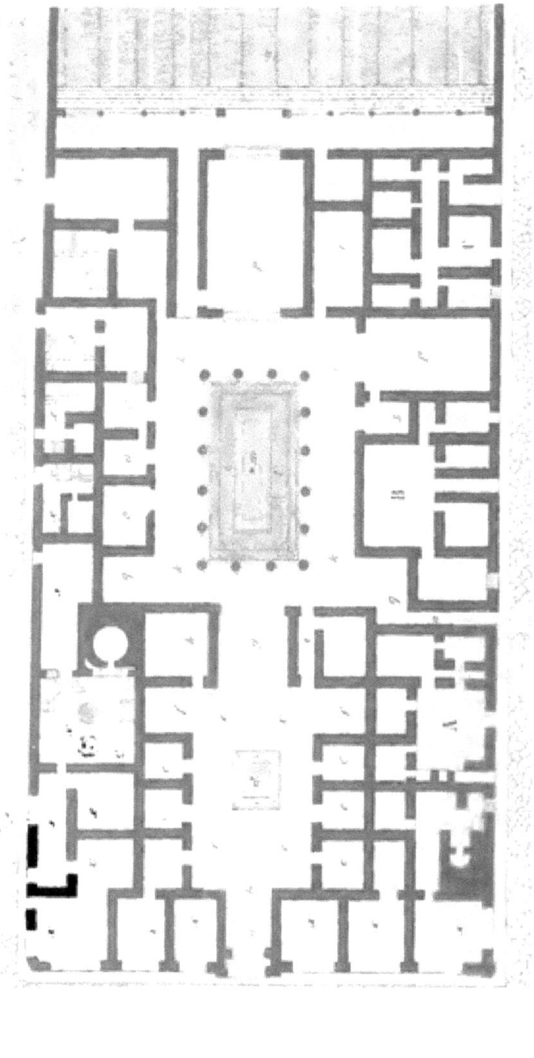

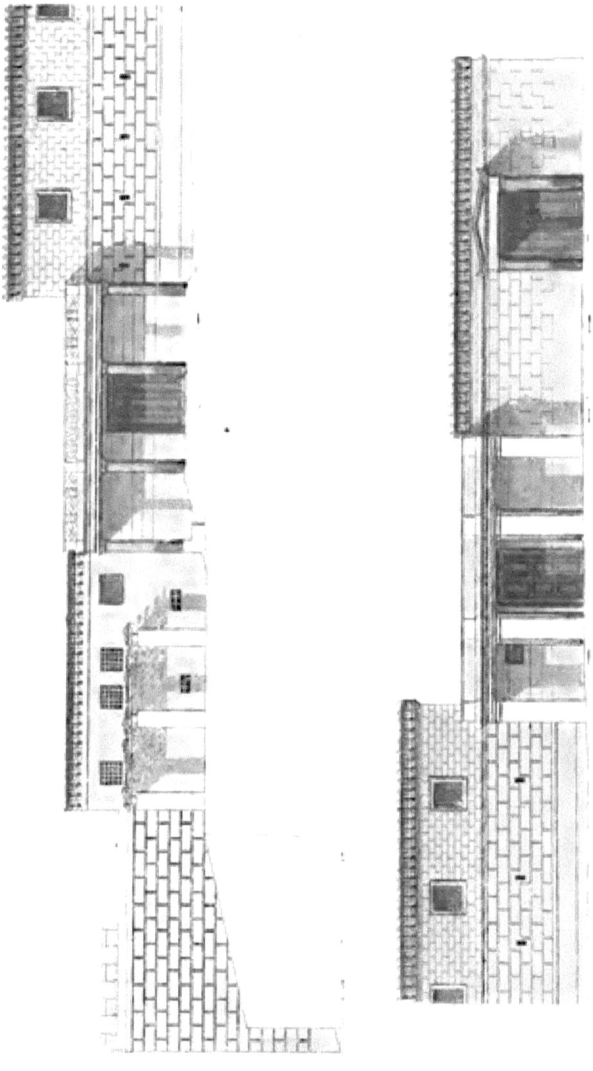

14

WANDGEMÄLDE IN POMPEJI

MOSAIKBODEN.

MAHLZEIT.

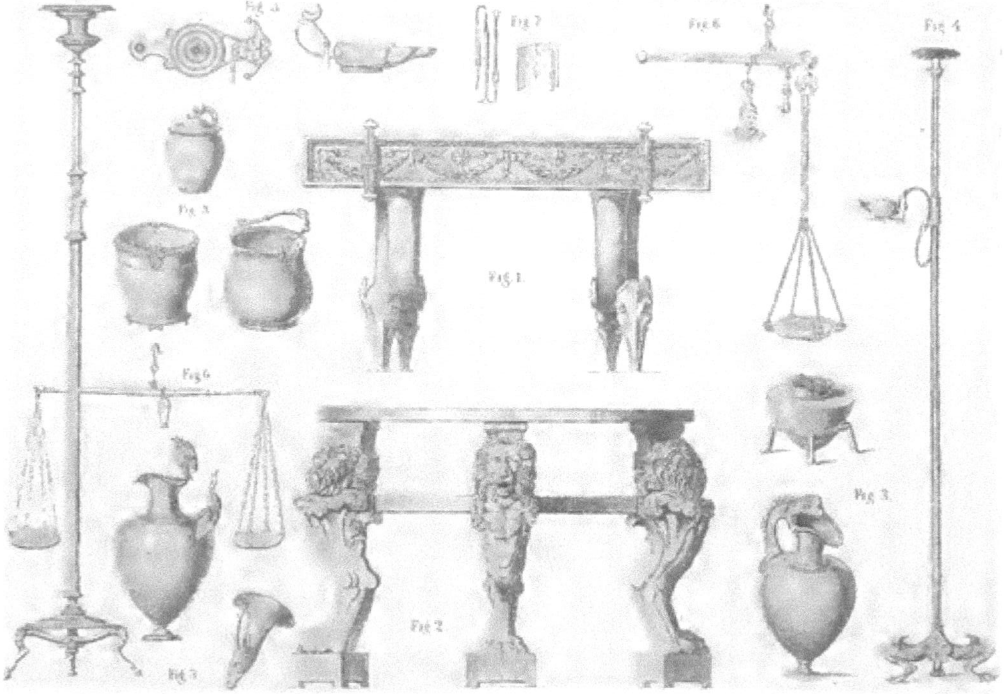

HAUSGERÄTHE.

GÖTTERVERSAMMLUNG.

OPFER.

LEICHENBEGÄNGNISS.

GRIECHISCHES GRAB-MONUMENT. SARCOPHAG.
RELIEF-BILD EINES SARCOPHAG'S.

APOTHEOSE

CHOR.

THEATER-SCENE.

nach einem Wandgemälde in Pompeji

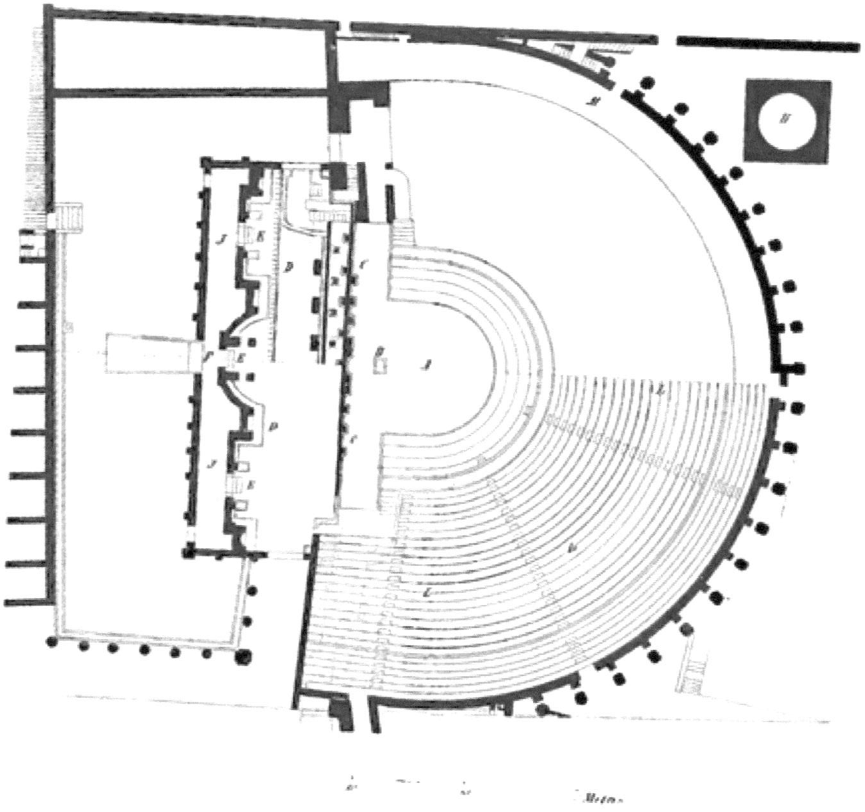

GRUNDRISS DES THEATERS.

ALEXANDERSCHLACHT.

zur Zeit des Perikles

RÖMISCHE SOLDATEN

auf dem Marsche.

ALLOCUTIO VOM SUGGESTUM.

STURM.

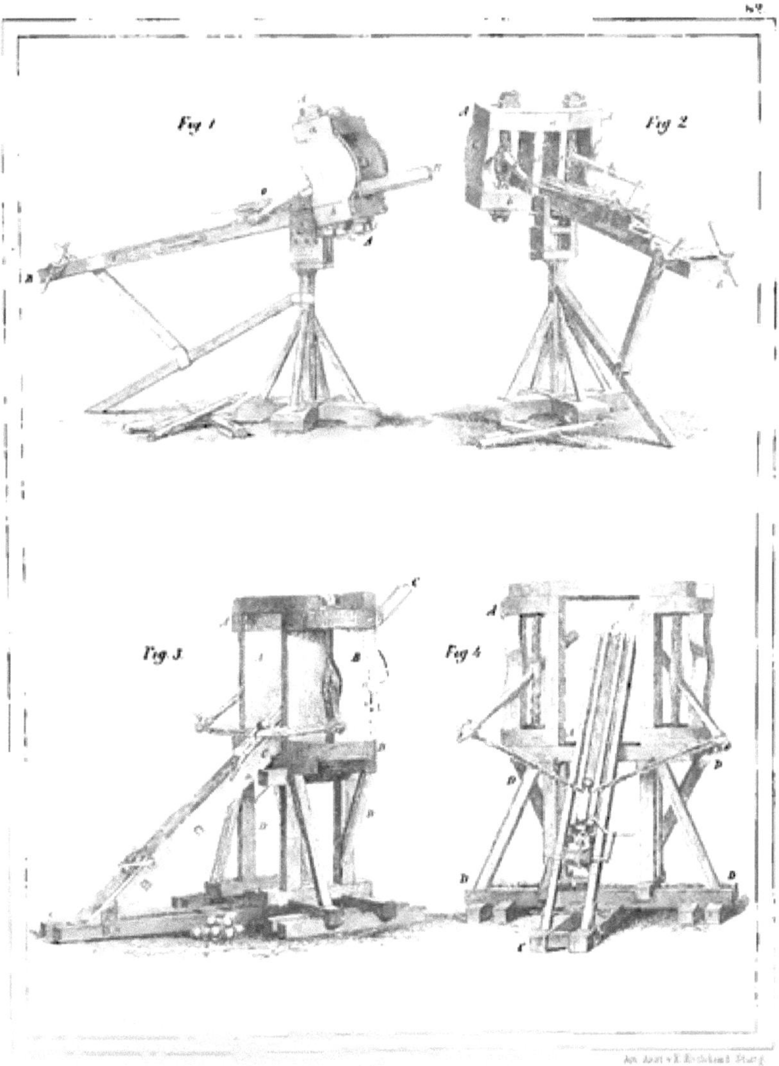

SCHWERES GESCHÜTZ.

TRIUMPHZUG.

SEEWESEN.

EIN GRIECHE.

GRIECHIN

RÖMER IN DER TOGA PRAETEXTA.

RÖMERIN.

VESTALIN

AMAZONEN-VASE von RUVO.

DODWELL'SCHE VASE.

I. Athen.

Athen, die Hauptstadt Attika's, lag westlich von dem 900 Fuss hohen Lycabettus-Gebirge und nördlich von dem kleinen Flusse Ilissus am Fusse eines steilen Felsen, auf dem der Sage nach Cecrops (1500 v. Chr.) die Acropolis baute, während Theseus (1250 v. Chr.) als der eigentliche Gründer der Stadt gilt, die ihren Namen von der heimischen Göttin Athene erhielt. Im zweiten Perserkriege (480 v. Chr.) wurde sie von Xerxes zerstört, von Themistocles wieder aufgebaut und besonders von Cimon und Perikles verschönert. Spätere Verschönerungen erhielt sie durch Lycurgus, einen Zeitgenossen des Demosthenes (408—328 v. Chr.) durch Herodes Atticus, einen Freund der Kaiser Antoninus Pius, Antoninus Philosophus und Verus († 175 n. Chr.) und durch den Kaiser Hadrian.

Athen bestand aus der eigentlichen Stadt (ἄστυ) um die Acropolis her und der Hafenstadt, welche die Seehäfen Piräus, Munychia und Phalerum umfasste, die von Themistocles durch 10 Fuss hohe Mauern befestigt und unter Cimon und Pericles durch die sogenannten »langen Mauern« (τὰ μακρὰ τείχη) mit der Stadt in Verbindung gesetzt wurden. Nach Thucydides hatte die Stadt zu Anfang des Peloponnesischen Krieges einen Umfang von 174½ Stadien — nahezu 4 geogr. Meilen. Sie hatte 9 bis 10 Thore und zur Zeit ihrer Blüte 180,000 bis 200,000 Einwohner. Beinahe inmitten der Stadt lag die Burg (Acropolis) auf einem 150 Fuss über der Stadt, 473 Fuss über dem Meer sich erhebenden Felshügel, der schon von den Pelasgern und später von Cimon mit einer Mauer umgeben wurde. Der einzige Zugang zur Burg war von Westen durch die von Pericles gebauten Propylaeen (τὰ προπύλαια s. Taf. 6.). Die Burg schmückten prächtige Bildsäulen und Tempel, vor allen die colossale von Phidias gefertigte eherne Bildsäule der Athene Πρόμαχος, der Parthenon, das Erechtheum mit dem Pandroseum u. a. An der Nordwestseite der Burg befand sich die Quelle Klepsydra, die durch eine Leitung mit der jetzt unter dem Namen »Thurm der Winde« (s. Taf. 7.) bekannten Wasser-Uhr des Andronicus in Verbindung stand. Westlich von der Burg lag der Areopag mit dem obersten Gerichtshof der Athener. Von den noch jetzt erhaltenen Bauwerken sind ausser den oben genannten Parthenon, Erechtheum, Thurm der Winde noch zu erwähnen der Theseus-Tempel (s. Taf. 2.), das Monument des Lysicrates (s. Taf. 8.), der Bogen des Hadrian.

Die auf unserer Tafel abgebildete Ansicht stellt uns die Westseite der alten Stadt dar, welche heutzutage nicht mehr überbaut ist, da sich das moderne Athen um den Nord- und Ostfuss der Acropolis gelagert hat. Zwei Hauptstrassen, die sich in der Mitte rechtwinklig durchschneiden, durchlaufen sie nach der Länge und Breite; die eine von West nach Ost ziehend, hat den Namen Hermesstrasse und ist die unmittelbare Fortsetzung der vom Piräus kommenden Landstrasse; die andere von Süd nach Nord laufend, heisst die Aeolusstrasse, weil sie von dem unter der Acropolis liegenden Thurm der Winde ausgeht. An diese beiden Hauptstrassen schliesst sich das ganze übrige Strassengeäder der Stadt an, die neben manchen schlechten Hütten jetzt doch auch glänzende Wohnungen und Paläste aufzuweisen hat.

2. Der Tempel des Theseus in Athen.

Unter den noch erhaltenen Tempeln Athens ist der von Cimon im Jahr 465 v. Chr. (Olymp. 77, 4.) über dem angeblichen Grabe des Theseus erbaute einer der schönsten. Er liegt auf einer kleinen Anhöhe, die eine Fortsetzung des Hügels des Areopag bildet. Seine Hauptfaçade liegt gegen Osten. Es ist ein sogenannter Peripteral-Tempel, d. h. ein solcher, der rings von einer Säulenreihe umgeben ist. Seine Länge beträgt 140 Fuss, seine Breite 45 Fuss. Die Langseiten haben je 13 (die Ecksäulen mitgerechnet), die schmalen je 6 Säulen von 19 Fuss Höhe und an der Basis von 3 Fuss 4 Zoll Durchmesser. Die Höhe des Tempels betrug vom Grunde der Säulenfüsse bis zur Spitze des Giebelfeldes $33\frac{1}{3}$ Fuss. Nur zwei Stufen führten zu demselben hinauf. Der ganze Tempel ist aus pentelischem Marmor mit Ausnahme der Fundamente, die aus grossen Quadern von Piräischem Kalkstein bestehen. Die Säulen sind dorisch und ganz wie am Parthenon gestaltet, dem der ganze Tempel ohnehin sehr ähnelt. Die Metopen der Ostseite, sowie die nächsten 4 der beiden Langseiten sind mit Sculpturen geschmückt, welche die Thaten des Hercules, dem der Tempel zugleich geweiht war, neben denen des Theseus darstellen. Der Fries der Cella-Mauer über dem Pronaos, sowie über dem Opisthodomos enthält in sehr hohem Relief ausgeführte Compositionen (die östliche wahrscheinlich den Kampf des Theseus gegen die attischen Pallantiden, der westliche den der Lapithen gegen die Centauren). Die Cella war im Innern durch Mikon mit Gemälden, welche die Kämpfe der Athener gegen die Amazonen, der Centauren und Lapithen etc. darstellen, geschmückt und der Tempel von einem umfangreichen Temenos umgeben, der den ihren Herren entlaufenen Sclaven als Freistatt diente.

Nachdem der Tempel längere Zeit eine christliche, dem heiligen Georg geweihte Kirche gewesen, ist er jetzt in ein Museum umgewandelt, wo man die kostbaren Fragmente antiker Sculptur, die täglich auf dem classischen Boden Athens ausgegraben werden, aufgestellt findet.

3. Der Zeus-Tempel in Athen.

Am Osthabhang der Acropolis erhebt sich eine gegen 20 Fuss hohe, aus Quadern erbaute und durch starke Strebepfeiler gestützte Terrassen-Mauer, welche die Ostseite eines 4 Stadien (= ca. 668 mètres) im Umfang haltenden Bezirkes bildete, der seit den ältesten Zeiten dem Olympischen Zeus und der Gaea geweihet war. Schon Deucalion soll hier ein Heiligthum errichtet haben. Den Bau eines Tempels aber, und zwar des grössten, den das Alterthum kennt, begann der Tyrann Pisistratus (571—527 v. Chr.). Nach seinem und seiner Söhne Tod unterblieb der Weiterbau, und erst nach 300 Jahren übertrug der König Antiochus Epiphanes von Syrien (176—164 v. Chr.) einem römischen Baumeister, Cossutius, die Vollendung desselben. Cossutius erbaute die grossartig angelegte Cella, die eine doppelte Reihe korinthischer Säulen umgab. Durch den Tod des Königs aber stockte das Werk abermals, ja es drohte dem bereits Fertigen der Untergang, als Sulla nach der Eroberung Athens mehrere Säulen davon wegnehmen und zum Bau des kapitolinischen Tempels nach Rom schaffen liess. Erst Kaiser Hadrian nahm das Werk wieder auf und vollendete den Tempel in prachtvollem Styl als einen Dipteros Decastylos, d. h. einen Tempel mit doppelten Säulenreihen und 10 Säulen in der Fronte. In der von 120 Säulen umgebenen Cella befand sich das aus Elfenbein und Gold gefertigte colossale Standbild des Gottes. Von den Säulen des Tempels stehen noch 15 aufrecht, eine sechzehnte liegt umgestürzt am Boden. Jede der Säulen ist 60 Fuss hoch und hat einen Umfang von 19 Fuss; die Kapitäle sind wunderbar reich und fein ausgeführt. Hinter dem Tempel sehen wir einen Theil der jetzigen Stadt.

4. Die Acropolis zur Zeit des Pericles.

Mitten in der Athenischen Ebene erhebt sich ein 150 Fuss hoher steiler Felshügel, auf dem schon die ältesten Bewohner Attika's, die Pelasger, eine Burg angelegt hatten, die sie mit einer (cyclopischen) Mauer umgaben. Als die Stadt sich vergrösserte und die Bedeutung der Acropolis als des festesten Punktes derselben mehr und mehr hervortrat, wurde sie ringsum mit neuen Mauern umgeben, von denen später die durch Cimon aufgeführte südliche Mauer speciell die cimonische hiess. Auf der Westseite der Burg führte der einzige Zugang zu derselben durch die unter Periklos erbauten Propylaeen (s. Taf. 6.). Das Burgfeld war bedeckt mit Statuen von Erz und Marmor, unter denen die von Phidias verfertigte colossale Statue der Athene (Ἀθήνη Πρόμαχος) besonders hervortrat, deren Helm und Lanze den zur See Kommenden schon beim Umschiffen des Vorgebirges Sunium als sichtbares Wahrzeichen der attischen Burg entgegen glänzte. Ferner standen dort Weihgeschenke, kostbare Geräthe und Tempel, unter denen neben dem Erechtheum (s. Taf. 5.) besonders der Parthenon zu erwähnen ist. —

Der Bau dieses noch in zwei zertrümmerten Hälften vorhandenen Tempels der jungfräulichen Stadt-Göttin von Athen fällt in die Zeit, in welcher Perikles an der Spitze der Athenischen Staatsverwaltung stand, und zwar wurde derselbe innerhalb 8 Jahren (von Olymp. 83, — Olymp. 85,3 = 446—438 v. Chr.), nach andern innerhalb 16 Jahren durch die Architecten Ictinos und Kallicrates auf derselben Stelle der Acropolis errichtet, wo das durch die Perser zerstörte Hecatompedon gestanden hatte. Die Oberleitung des Baues führte Pericles selbst in Verbindung mit dem Bildhauer Phidias, der mit seinen Schülern den Tempel reich mit Sculpturen schmückte, hauptsächlich aber die colossale Statue der Göttin um einen Holzkern her (ἔργον χρυσελεφάντινον) aus Gold und Elfenbein fertigte. Der Parthenon lag so hoch, dass man ihn, von wo aus man sich auch der Stadt näherte, erblickte. Er war ein sogen. Peripteral-Tempel von 101 Fuss Breite, 227 Fuss Länge mit je 8 und 17 Säulen von 34 Fuss Höhe und 6 Fuss unterem Durchmesser. Jede Säule ist mit 20 Kannelirungen verziert und besteht regelmässig aus 12 Marmorblöcken, die so kunstreich auf einander gesetzt sind, dass man sogar in der Nähe sie aus einem Steine gebildet glaubt. Im Ganzen umschlossen 58 Säulen den Tempel. Der von den Säulenhallen umgebene Raum war 185 Fuss lang und enthielt die 63 Fuss breite und 98 Fuss lange Cella (ναός). In einer an sie anschliessenden hinteren Halle (ὀπισθόδομος) war der athenische Staatsschatz aufbewahrt. Vor der Cella lag der πρόναος, wo die Weihgeschenke aufgestellt waren. In der Mitte der Cella stand auf einem polirten Stück Felsen der Acropolis das Bild der Athene mit einem von Karyatiden getragenen Baldachin bedeckt. Die Metopen und Giebelfelder waren mit herrlichen Bildwerken geschmückt, welche die Kämpfe der Giganten, der Centauren und Lapithen, die Thaten des Hercules und Theseus, die Mythen des Perseus und Bellerophon, die Geburt der Athene und ihren Streit mit Poseidon in 11—12 Fuss hohen Statuen darstellten, während im Innern des Peristyls sich ein ununterbrochener Fries von 528 Fuss Länge mit meisterhaften Reliefs hinzog, welche die Feierlichkeiten des Festzugs bei den grossen Panathenäen darstellten. Sämmtliche Figuren zeichnen sich durch Naturtreue und einen ebenso gefälligen als erhabenen Styl aus. Die meisten und besterhaltenen Stücke befinden sich im Britischen Museum in London, wenige in Kopenhagen und im Louvre zu Paris.

Der Parthenon, nachher in eine christliche der Mutter Gottes geweihte Kirche umgewandelt, stand im Jahre 1676 noch fast ganz unversehrt. Als aber im Jahr 1687 im Krieg der Venetianer gegen die Türken erstere unter dem Grafen Königsmark die Acropolis belagerten, fiel eine Bombe mitten auf das Marmordach des Parthenon, wodurch der Bau in 2 trümmerhafte Hälften zerrissen ward. Von seinen Zierden, welche auch noch die Trümmer schmückten, verlor derselbe das Meiste durch Lord Elgin, der mit Erlaubniss der türkischen Regierung denselben völlig ausplünderte und seine reiche Beute für die Kunstgeschichte dadurch rettete, dass er sie nach London schickte, wo sie, wie oben erwähnt, im Britischen Museum aufgestellt ist. cf. Stuart and Revett Antiq. of Athen und O. Müller, Denkmäler der Kunst Bd. I. 26.

Bei der für die Menge der Heiligthümer, die die Acropolis schmückten, geringen Ausdehnung des Plateaus derselben, ist nicht wohl anzunehmen, dass sie zugleich als Wohnplatz gedient und Strassen und Häuser gehabt habe, vielmehr war sie ausschliesslich den Göttern geheiligt. cf. E. Curtius: die Acropolis in Athen und desselben Verfassers: »Attische Studien.«

Auf unserer Abbildung sehen wir rechts das Erechtheum, in der Mitte die Propylaeen, links den Parthenon, vor dem letzteren den Opferaltar, an dem die Festopfer dargebracht und um die die Festreigen aufgeführt wurden; ausserdem aber erblicken wir noch Weihgeschenke u. dgl. und die ganze muthmassliche Anlage des Innern der atheuischen Burg.

3. Das Erechtheum in Athen.

Nördlich vom Parthenon und ganz nahe an der nördlichen Umfangsmauer der Acropolis liegen die auf unserer Tafel abgebildeten Ruinen des gewöhnlich Erechtheum genannten Tempels, eines höchst merkwürdig zusammengesetzten Gebäudes, das den Tempel der stadtbeschützenden Athene (Ἀθήνη πολιάς) und westlich an denselben anstossend das Pandroseion (ein Heiligthum der Pandrosos) umfasste. Beide Tempel standen mit einander in Verbindung, doch lag der letztere um einige Stufen niederer als der Athene-Tempel. Eine Unterabtheilung des Gebäudes führte den Namen Erechtheum oder Cecropium, wo, wie man annahm, Erechtheus und Cecrops begraben sein sollten. Das Hauptgebäude war im vollendetsten jonischen Baustyl aus pentelischem weissem Marmor, die Friese aus schwarzem eleusinischem und die Sculpturen der Friese aus parischem Marmor ausgeführt. Der Tempel enthielt alle Symbole der Mythe des Erechtheus, der im Streite der Athene und des Poseidon um den Besitz von Attika für erstere entschied und den Cultus dieser Göttin in Attika einführte. Das uralte der Athene geweihte Sanctuarium scheint in den Perser-Kriegen zerstört worden zu sein, weshalb es nach denselben unter Pericles und zwar nach den Propylaeen und dem Parthenon, wohl gerade zu der Zeit, als der peloponnesische Krieg begann, erneuert, aber erst gegen das Ende der 92. Olympiade (409—408 v. Chr.) vollendet wurde. Nach Pausanias in seiner Beschreibung der Acropolis I. 26 ff. stand am Eingang in das Erechtheum ein Altar des Zeus, auf dem nichts Lebendes geopfert wurde, selbst der Gebrauch des Weines nicht gestattet war und nur Kuchen dargebracht werden durften. Am Eingang ins Innere standen die Altäre des Poseidon, auf welchem auch dem Erechtheus geopfert wurde, des Heros Butes und des Hephaestos. In der südwestlichen Halle, dem Pandroseion, befand sich ein heiliger Brunnen mit Meerwasser (θάλασσα Ἐρεχθηΐς), der das Merkwürdige hatte, dass man beim Südwind das Rauschen der Wellen darin vernahm. Auf dem Felsen zeigte man das Zeichen eines Dreizacks. Dieser sowie der Brunnen sollten Denkmale des Streits der Athene und des Poseidon sein. Im Heiligthum der Athene stand ihr ältestes Holzbild (ξόανον), das der Sage nach vom Himmel gefallen war. Das Heiligthum war in der Regel geschlossen und stets von einer goldenen Lampe erleuchtet, die Kallimachos der Göttin geweiht hatte, und die, ohne dass Oel nachgefüllt wurde, ein Jahr lang Tag und Nacht gebrannt haben soll. Ein bis an die Decke reichender Palmbaum aus Bronze führte den Rauch der Lampe ab. In diesem Tempel stand noch ein Hermes aus Holz unter Myrthenzweigen versteckt. Unter den Tempelgeschenken wurde ein Tragsessel erwähnt, der zusammengelegt werden konnte und für ein Werk des Daedalus galt; ausserdem aus der persischen Beute der Harnisch des Reitergenerals Masistios und das Schwert des Mardonius. Der heilige Oelbaum (Ἐλαία κύφεργος, weil er krumm und niedrig war), der im Pandroseion wuchs, erinnert ebenfalls an den Streit des Poseidon mit Athene. — Um eine hinter dem Pandroseion gelegenen Nebenhalle standen 6 Karyatiden (κόραι), Jungfrauen im vollen Athenischen Putze, von untadeliger jugendlicher Schönheit, mit reich herabfliessendem Gewande angethan, die auf ihren Häuptern das leichte Gebälke der Decke tragen, und die wenn auch restaurirt, noch vorhanden sind. Das ganze grossartige Gebäude war reich mit Malereien, eingelegten Ornamenten von vergoldeter Bronze und selbst Email geschmückt. (cf. A. F. v. Quast, das Erechtheum zu Athen, Otfr. Müller, Denkm. d. a. Kunst. 101. Pausan. I. 26 ff. Förster's Bauzeitung 1851. S. 335 ff.)

bäude mit Säulenhallen an, und zwar rechts ein 27 Fuss langer und 18 Fuss breiter Tempel der ungeflügelten Sieges-Göttin (νίκη ἄπτερος) und links ein mit Gemälden von Polygnotos geschmücktes Gebäude, die sich gegen den eingeschlossenen Mittelraum öffneten und zusammen die ganze Breite des Felsen einnahmen. Von dem Fusse der Acropolis gingen bis zu den Propylaeen hinauf Colonnaden; ein tiefer, durch 6 paarweise gestellte Säulen dreischiffig gegliederter Vorraum bildete den eigentlichen Zugang zu den 5 Thoren, dem nach dem Innern der Burg zu eine minder tiefe Halle (eine Art Posticum) entsprach, die sich wie die vordere mit 5 Gitterthoren gegen die Burg hin öffnete. Aus ihr trat man wieder in eine 6säulige dorische Halle und durch diese auf den innern Burgraum. Das mittlere Gebäude gewährte den einzigen Zugang zu der Burg und zum Parthenon, und zwar gelangte man dahin auf Treppen von weissem Marmor, die auf beiden Seiten mit Statuen geschmückt waren. Das ganze Gebäude, das eine glückliche Vereinigung des jonisch-dorischen Baustyls repräsentirte und ein Gegenstand des Neides für alle übrigen griechischen Staaten war, diente dem Athenischen Volke zugleich als schattiger Spaziergang und als Vertheidigungswerk. Durch die offene Gallerie hatte man den Anblick des Meeres, während ihr zur Seite Altäre, Weihgeschenke, Dreifüsse u. dgl. standen. Besonders bemerkenswerth waren die reichen Felderdecken der grossen dreischiffigen Halle wegen der kühnen Weite ihrer Balkenspannung und die herrliche Ausführung der reichen in Farben und Gold strahlenden Cassetten. Bis zum Jahr 1656 hatte sich das Dach über dem Tempel der Nike Apteros auf dem rechten Flügel vollständig erhalten; in diesem Jahre aber wurde dasselbe durch eine Pulver-Explosion zerstört. Von der linken Seite stehen noch die erhabenen Säulen, die ebenfalls wie die Säulen des Parthenon so künstlich in einander gefügt sind, dass man ihre Zusammensetzung mit blossem Auge nicht zu erkennen vermag.

7. Der Thurm der Winde in Athen.

Im Norden der Acropolis erhebt sich am südlichen Ende der jetzigen Aeolosstrasse unter allerhand modernen Gebäuden der sogenannte Thurm der Winde oder die Uhr des Andronikus. Seine Errichtung durch einen gewissen Andronikus aus Kyrrhos in Syrien (cf. Varro de re rustica Lib. III, 5. und Vitruv. Lib. I, 6.) fällt nach einigen in die letzten Zeiten der griechischen Kunst, also in die Zeit um's Jahr 200 v. Chr., nach andern sogar erst in die Mitte des ersten Jahrhunderts nach Christus. Es ist ein achteckiges, thurmähnliches Gebäude mit doppeltem Eingang, der durch eine von je 2 korinthischen Säulen getragene Vorhalle gebildet wird, und mit einem kleinen runden Neben-Gebäude an der Südseite, welch letzteres durch eine Wasserleitung mit der am Nordfuss der Acropolis entspringenden (Salz-)Quelle Klepsydra in Verbindung stand, und ohne Zweifel zu einem Wasserbehälter diente, der beständig eine hinreichende Menge Wassers lieferte, um die im Innern des Thurms befindliche Wasseruhr im Gang zu erhalten. Aussen finden sich die Linien zu einer Sonnenuhr eingegraben. Auf dem pyramidenförmigen Dache erhob sich ein eherner Triton, der durch seine Drehungen den jedesmal wehenden Wind anzeigte, indem er mit seinem Stab auf die an den Seiten des Gebäudes in Relief dargestellten, durch Beischriften bezeichneten Gestalten der acht Hauptwinde hindeutete. Die Figuren dieser Winde sind von dem Bildhauer geflügelt dargestellt; Lips und Zephyros haben nackte Beine, die übrigen sind mit Halbstiefeln bekleidet. Das ganze Gebäude ist aus weissem Marmor aufgeführt und mehrere Schichten seines Mauerwerks sind aus Quadern von beträchtlichen Dimensionen hergestellt. Es steht jetzt frei und isolirt, so dass man es von allen Seiten bequem betrachten kann.

8. Das Monument des Lysicrates in Athen.

Das auf unserer Tafel 8. abgebildete Monument des Lysicrates war ein sogenanntes choragisches, d. h. ein solches, welches zu Ehren eines bei der Aufführung eines Chores in den öffentlichen Wettkämpfen davongetragenen Sieges errichtet wurde. Unter den grossen Festen Griechenlands wurden die sogenannten Dionysien von den Athenern mit besonderem Glanze gefeiert. Es wurden Komödien und Tragödien im Theater aufgeführt und im Odeum Hymnen zu Ehren des Bacchus gesungen. Sobald die Zeit der Feste herannahte, eröffneten die Behörden Athens einen Concurs, zu dem sämmtliche Gemeinden Attika's eingeladen wurden und als Siegespreise waren bronzene Dreifüsse bestimmt. Jede der 10 attischen Phylen (Stämme) wählte einen ihrer reichsten Bürger zum Choragen, der dann aus eigenen Mitteln die Kosten für Musik und Gesang bestreiten musste. Die siegende Phyle erhielt einen Dreifuss, der dem Choragen zufiel, welcher nun aber auch diesen Sieg durch Errichtung eines Monumentes verewigen musste, auf welches der Dreifuss gestellt wurde. Den monumentalen Untersatz bildete entweder eine Säule, oder wurde dafür ein ausgedehnterer Unterbau gewählt. Diese Dreifüsse wurden in Athen nicht fern vom Theater an einer Strasse aufgestellt, die daher die Tripoden-Strasse hiess. Unter den noch vorhandenen choragischen Monumenten nun ist das 34 Fuss hohe Denkmal des Lysikrates aus pentelischem Marmor gefertigt, das schönste und reichste. Auf viereckigem Unterbau erhebt sich ein schlanker von korinthischen Halbsäulen getragener Oberbau, mit Reliefffries und reichem Gesimse gekrönt. Auf dem Gipfel ragt ein reich mit Acanthusblättern und Ranken geschmückter Ständer empor, der bestimmt war, den Dreifuss aufzunehmen und zu stützen. Auf dem Denkmal liest man eingegraben, dass »Lysikrates von Kikyne, Sohn des Lysitheides die Kosten des Chors getragen habe; die Phyle Akamantis habe durch den Knaben-Chor gesiegt. Theon sei Flötenspieler und Lysiades aus Athen der Dichter und Evainetos gerade Archon gewesen.« Die Errichtung des Monuments würde also in die Zeit Alexanders des Grossen (334 v. Chr. Olymp. 111, 1.) fallen.

9. Sparta.

Sparta wie Rom auf einem Boden gegründet, der eine Gruppe älterer Niederlassungen enthielt, bestand aus den 4 Gemeinden: Kynosura, Meson, Limnä und Pitane. Die beiden letzteren lagen in der Eurotas-Niederung. Den Mittelpunkt der verschiedenen Quartiere bildete die Burg und der Markt. Die erstere schildert Pausanias als einen im Vergleich mit den übrigen Akropolen Griechenlands unansehnlichen Hügel, der an Festigkeit keineswegs mit den Akropolen der übrigen Städte Griechenlands zu vergleichen und wohl kein anderer war, als der noch durch Ruinen ausgezeichnete Theater-Hügel, welcher ehemals mit Mauern umgeben und durch Gebäude aller Art geschmückt, sich doch ziemlich stattlich hervorgehoben haben muss. Das wichtigste der Burgheiligthümer war der durch den Baumeister Gitiades erbaute Tempel der Athene Chalciökos, der Schutzgöttin des dorischen Sparta. Pfosten und Wände des Tempels waren dicht mit Metall belegt, so dass das Ganze wie aus Erz gebaut ausgesehen haben mag. Auf den Erzplatten waren in erhabener Arbeit die Thaten des Heracles, der Dioscuren und andrer Gottheiten abgebildet. Der Tempel selbst lag in einem ansehnlichen mit Säulenhallen umgebenen Hof, der noch verschiedene andere Heiligthümer umschloss. Unter den Standbildern, welche die Ostseite des Tempels schmückten, wird namentlich das des Königs Pausanias erwähnt, der zur Sühne dafür, dass er im Tempelhof den Hungertod starb, auf Befehl des Pythischen Gottes dort in Erz aufgestellt werden musste. Der spartanische Markt war ein grosser und sehr ansehnlicher Platz, der noch in der Kaiserzeit die Form hellenischer Markt-Anlagen zeigte, und von dem der Schriftsteller Pausanias sagt, dass er »der Mühe werth sei, gesehen zu werden.« Er war der Mittelpunkt des Verkehrs und der Sitz der Behörden. Hier stand das Rathhaus, in dem die Gerusia tagte, und dort hatten die Ephoren und Bidiaeer ihre Versammlungs-Orte und Archive. Die prächtigste Marktseite bildete die Perserhalle, die noch zu Pausanias Zeiten, zu Ende des 2. Jahrhunderts n. Chr., in vollem Glanze dastand. Ein abgegränzter und geebneter Raum des Marktes bildete den Choros, wo die Reigen zu Ehren Apoll's von den Jünglingen der Spartaner aufgeführt wurden. Ohne Zweifel bildete die grosse Niederung südöstlich von der Burg der Markt Sparta's. Dort ist noch jetzt ein von Ruinen freier Platz nachzuweisen, der von Mauern umgeben ist, die ohne Zweifel an die Stelle älterer Einfassungen getreten sind. Von da gegen Westen lag das Theater, das sich an die Südseite der Burg lehnte und in Sparta wohl nur dazu diente, die Zuschauer der festlichen Tänze und Processionen aufzunehmen. Vom Marktplatz liefen 3 Hauptstrassen aus, die eine gegen Sonnen-Untergang, die anderen die Strassen Skias und Aphetae, reich mit Palästen der Könige, mit Tempeln, öffentlichen Gebäuden und Denkmälern besetzt. Pausanias erwähnt im Ganzen in flüchtiger Aufzählung in der Stadt Sparta überhaupt 15 Tempel, 22 öffentliche Gebäude, 23 Heroen-Monumente, die meisten aus der Zeit Lykurgs, ausserdem noch eine Menge von Grabmälern und Statuen, welche die öffentlichen Plätze und Strassen zierten.

Unsere Abbildung zeigt uns links die Reste des Theaters, von dessen verfallenen Sitzstufen aus man noch jetzt ein grossartiges Schauspiel geniesst.

Die beiden Flügel des Theaters, aus weissen Marmorquadern bestehend, stehen 430 Fuss auseinander, der Durchmesser der Orchestra beträgt 120 Fuss, so dass das Theater an Grösse nur dem von Athen und Megalopolis nachstand. Auf der Südseite in der Nähe des Flusses stehen die Ruinen eines kreisrunden Gebäudes, das ein für musikalische Aufführungen bestimmtes Theater des römischen Sparta gewesen sein mag.

Im Hintergrunde erhebt sich der Taygetus, rechts sieht man Mistra auf seinem Felsenkegel sich erheben, und weiter hin den Pass von Langada, wo der Bergweg nach Messenien hinaufsteigt. Am Flusse selbst ist die wichtigste Ruine, die Brücke über den Eurotas, die in verschiedenen Epochen wieder hergestellt worden zu sein scheint. Im Vordergrund erscheint das Dörfchen Psichiko und die Anhöhen, auf denen sich jetzt Neu-Sparta anbaut.

10. Korinth.

Die Stadt Korinth lag auf der den Peloponnes mit Hellas verbindenden Landweg, am Fusse eines steil abfallenden Berges, dessen Spitze die Burg (Acropolis) krönte. Die Stadt war von den Doriern gegründet und bildete mit ihrer schon im Alterthum für uneinnehmbar geltenden Burg die Pforte zum Peloponnes. Durch ihre Lage zwischen dem korinthischen und saronischen Busen, also zwischen dem aegaeischen und jonischen Meere hatte sich die Hauptthätigkeit der Bewohner frühe auf Handel und Gewerbe aller Art gerichtet; die Korinthier verkehrten weithin mit Handelsstädten und Staaten; ja sie vermietheten sogar ihre Schiffe an auswärtige Völker, wie z. B. im Kriege Athens mit Aegina. Unter den Gewerben waren es namentlich die bildenden Künste, die in Korinth den höchsten Grad der Blüte erreichten, wesshalb die Römer bei der Eroberung der Stadt durch Mummius (146 v. Chr.) dort eine unermessliche Beute an Kunstwerken aller Art vorfanden. Der Wohlstand der Stadt, die in älteren Zeiten einen Umfang von 88 Stadien (=50,000 par. Fuss) und eine halbe Million Einwohner hatte, verführte die Einwohner zu einem luxuriösen und unsittlichen Leben. Nach ihrer Zerstörung (s. o.) lag die herrliche Stadt, die Cicero ein lumen totius mundi genannt hat, in Trümmern, bis im Jahr 46 v. Chr. Julius Cäsar eine Colonie Veteranen dahin führte. Die neue Stadt hob sich bald und wurde unter dem Namen Colonia Julia Corinthus die Hauptstadt der Provinz Achaja; doch erlangte sie ihre alte Wohlhabenheit nie wieder. Am 21. Febr. 1858 wurde die Stadt durch ein Erdbeben fast gänzlich zerstört und soll nun an einer anderen Stelle des Meerbusens neu aufgebaut werden. Die Citadelle auf der Acropolis gilt nach dem Urtheil der Kenner noch immer für einen unüberwindlichen militärischen Punkt, der freilich die Landenge nicht völlig beherrscht; von ihr aus hat man eine unübertreffliche Fernsicht auf die griechischen Lande. Von den Ruinen der alten Stadt ist nur noch etwas Gemäuer und halbversunkene Säulen übrig. Der nördliche Hafen Lechaeon am korinthischen Busen ist verschüttet, ebenso der Hafen Cenchreae am saronischen Busen und nur von dem seichtesten Schoenos sind noch Spuren übrig. Die Landenge von Corinth ist ein schmaler Bergrücken, auf dem die isthmischen Spiele im Fichtenhaine des Poseidon gefeiert wurden; Kaiser Nero wollte dieselbe durchstechen lassen, und es war bereits mit der Durchgrabung begonnen, als er starb und so der Plan unausgeführt blieb.

11. Eleusis.

Die Ebene von Athen ist durch den Berg Icareus von einer ausgedehnteren Ebene geschieden, die sich nordwestlich von jener hinzieht. Es ist diess die Ebene Thria, die (weil sich Demeter hier aufgehalten und ihre Bewohner zuerst im Ackerbau unterwiesen haben sollte) für heilig galt, und an deren südlichem Ende, 2 geogr. Meilen von Athen und hart an der Grenze von Megaris das durch seine Heiligthümer hochberühmte Eleusis lag, heutzutage noch ein armseliges Fischerdorf unter dem Namen Levsina. Die alte Stadt war am nördlichen Fusse eines nur wenig über die Ebene sich erhebenden Felshügels angebaut, auf welchem die Eleusinier ihre Acropolis errichteten, und der an seinem südöstlichen Ende ungefähr 500 Ellen = 875 Fuss rhein. vom Meere entfernt war. Die Spitze des Hügels war künstlich geebnet und in Mitten dieser Ebene erhob sich der Tempel der Demeter, welcher der Schauplatz der feierlichsten Ceremonien des griechischen Cultus war. Den Aufgang zu der Eleusinischen Acropolis eröffneten die Propylaeen, die den Propylaeen Athens genau nachgebildet waren. Sie zerfielen in die kleinen Propylaeen im innern Peribolos, mit räthselhafter Einrichtung der Thüre und in die grösseren im äusseren. Das Hauptgebäude der Burg, der Tempel der Demeter, im gleichseitigen Viereck unter Aufsicht des Iktinos von Korőbos, Metagenes und Xenokles gebaut und für die Mysterien eingerichtet, bestand aus einer grossen Cella mit 4 querdurchlaufenden dorischen Säulenreihen in 2 Stockwerken; dazwischen befand sich ein gewölbtes Luftloch. Die Vorhalle hatte 12 dorische Säulen, welche schon dünne Stege zwischen den Cannelüren hatten. Unter der Cella befand sich eine Crypta. Das Material war meist Eleusinischer Kalkstein, wenig Marmor. Die Grösse desselben betrug 220 Fuss in die Länge und 178 Fuss in die Breite. Er war von einer doppelten Mauer umgeben, deren innere ein ungleichseitiges Fünfeck bildend, man in ihren Spuren noch verfolgen kann. Das über die Mysterien von Eleusis verbreitete Dunkel verhinderte jede Beschreibung des Inneren des Gebäudes, worin dieselben gefeiert wurden, und Pausanias behauptet: wie ihm durch ein Traumgesicht verwehrt worden sei, irgend welche Einzelnheiten des Eleusiniums in Athen zu offenbaren, so habe ihm dieselbe übernatürliche Erscheinung auch verboten, Gegenstände, welche in die heiligen Mauern des Tempels von Eleusis eingeschlossen seien, aufzuzeichnen. Auch über die ausserhalb des Eleusiniums gelegenen heiligen Gebäude äusserte er sich ganz kurz, indem er nur noch des Tempels des Triptolemos, (ohne Zweifel auf der Stelle, wo jetzt die griech. Capelle des heil. Zacharias steht), der Artemis Propylaea und des Vater Poseidon erwähnt. Keines der Gebäude in Eleusis soll ganz vollendet gewesen sein. Bis auf die Zeit des Einfalls der Gothen unter Alarich scheint Eleusis ziemlich unversehrt geblieben zu sein. Von diesen aber wurden die heiligen Gebäude und die Stadt selbst von Grund aus zerstört, so dass nur noch wenige Trümmer sich finden. Das jetzige Dorf Levsina aus 70—80 von Albanesen bewohnten Hütten bestehend, liegt zum Theil in dem Raum der alten Stadt. Unsere Ansicht, dem Werke von Stuart und Revett »les antiquités d'Athènes, Vol. V.« entnommen, zeigt uns im Hintergrund, durch die Bai von Eleusis getrennt, die Berge der Insel Salamis, in der Mitte die Reste des Demetertempels und rechts davon am Rande des Hügels Trümmer der Propylaeen und der alten Umfassungs-Mauer.

12. 13. Der Athene-Tempel auf Aegina.

Der Tempel der Athene auf Aegina, den wir auf Taf. 12 in seiner jetzigen Gestalt, auf Taf. 13 in einer Restauration seiner Westseite wieder geben, ist eines der schönsten auf uns gekommenen Denkmäler des Alterthums. Er liegt am Ende der Insel, auf einem 190 Mètres hohen Plateau, von welchem aus man die Gebirge Attika's vom Cap Sunium bis nach Salamis und Athen übersieht, dessen Acropolis mit ihren herrlichen Ruinen sich dem Auge deutlich darbietet. Lange Zeit hatte dieser Tempel für ein Heiligthum des Zeus Panhellenios gegolten, das Aeacus zur Zeit einer grossen Dürre, während welcher in ganz Griechenland kein Regen gefallen war, dem obersten Gotte gebaut haben sollte. Die seit dem Jahre 1811 gemachten Ausgrabungen um den Tempel her, welche eine Menge der schönsten Sculpturen und Architektur-Stücke zu Tage förderten, von denen die ersteren, durch Thorwaldsen's Hand restaurirt, sich in der Glypothek in München befinden, machen es aber jetzt über allen Zweifel erhaben, dass der Tempel, wahrscheinlich in den 70er Olympiaden, kurz vor oder nach dem Siege über die Perser, der Athene als der Schutzgöttin Attika's errichtet ward. Jedenfalls fällt seine Erbauung in die Zeit vor dem Untergang der Selbständigkeit Aeginas (455 v. Chr.). Er war im dorischen Style erbaut, hatte 6 Säulen auf der schmalen Seite und 12 auf der Langseite; eine doppelte Reihe von 5 kleinen Säulen im Innern trug das hypaethrale Dach. Das Material des Tempels war gelblicher Sandstein, das Dach und der Kranz des oberen Gesimses von Marmor. Die zahlreichen Spuren von Malereien, die man nicht bloss an den Architecturstücken, sondern auch an den Bildwerken fand, und die wir auf unserem restaurirten Blatte des Tempels wieder zu geben versuchen, geben eine Vorstellung von der Intensität der dazu verwendeten Farben sowohl, als von dem Effekte, den ein solcher bemalter Tempel machen musste. Die Cella namentlich war zinnoberroth angestrichen, das Tympanum himmelblau, am Architrav war gelbes und grünes Laubwerk angebracht, die Leisten und Tropfen waren blau, das Band darunter roth, die Marmorziegel je mit einer Blume versehen. An den in den Giebelfeldern angebrachten Figuren waren die Helme himmelblau, die Helmbüsche zinnoberroth; in etwas dunklerem Roth war die innere Seite der Schilde bemalt. Die Gewänder der Göttin selbst scheinen ebenfalls, nach einer am Saum ihres Himation befindliche Spur zu schliessen, bemalt gewesen zu sein. An allen Figuren waren Augen und Lippen, wahrscheinlich auch die Haare gefärbt, obwohl sich an den letzteren keine Spur hievon mehr findet. Die Giebel-Gruppen enthalten Kämpfe zwischen Griechen und Trojanern um den Leichnam eines gefallenen Griechen (im östlichen Giebel um den bei Troja's Erstürmung durch Heracles und Telamon getödteten Oicles, im westlichen um den von Paris getödteten Achilles). Die fast vollständig erhaltene Gruppe des Westgiebels (Taf. 13.) zeigt in der Mitte der streng symmetrischen Komposition Athene, zu deren Füssen der gefallene Held liegt, auf welchen mit vorwärts gebeugtem Oberleib ein Trojaner zueilt; dann auf beiden Seiten je drei einander genau entsprechende, gegen einander anstürmende Kämpfer, (worunter auf jeder Seite ein knieender Bogenschütze); endlich in beiden Ecken des Giebelfeldes je einen am Boden liegenden Verwundeten. Ihr entsprach in Beziehung auf die Komposition der einzelnen Figuren die Anordnung des Ostgiebels; nur sind hier die Figuren etwas grösser und in technischer Beziehung sorgfältiger und vollendeter, was in der Individualität der verschiedenen Künstler seinen Grund haben mag, welche die offenbar von einem Meister ausgegangene Composition bearbeiteten. Die Bewegungen und Stellungen der einzelnen Figuren sind lebendig und naturgetreu, doch ist bei allen das Gesicht ausdruckslos und nur durch ein starres Lächeln um den Mund charakterisirt. Die Haare bilden gleichmässige Wellen- oder Zickzack-Linien. Am meisten Starrheit und Steifheit sowohl in ihrer Stellung als in der Bildung des Gewandes zeigt die Athene, in der Mitte des Westgiebels, und sie erscheint als absichtliche Nachahmung eines streng alterthümlichen Cultbildes. Ueber die Meister, welche diese Giebelgruppen bildeten, lässt sich so wenig als über den Baumeister des Tempels Bestimmtes sagen. cf. Wagner die aegin. Bildwerke. Stackelberg, der Apollo-Tempel zu Bassae. Welcker im Rhein. Mus. Bd. 3, 1, S. 50, und K. O. Müller, Handbuch der Archäologie u. a.

14. Der Tempel des Poseidon zu Paestum.

Die Stadt Paestum am Lucanischen Meerbusen (Golf von Salerno) in Unter-Italien gelegen, war griechischen Ursprungs und hiess anfangs Posidonia. Virgil (Georg I, 4) rühmt die Umgegend der Stadt, die namentlich durch ihre Rosen berühmt war, die dort zweimal jährlich blühten. Wie schon aus dem Namen Posidonia hervorgeht, war Poseidon der Hauptgott der Stadt, und man nimmt desshalb auch allgemein an, dass ihm der auf unserer Tafel abgebildete Tempel geweiht war. Derselbe bildet ein längliches Viereck und ist ein Peripteral-Tempel und zwar ein peripteros hexastylos, d. h. ein Tempel, dessen Cella von einer Säulenreihe umgeben ist, die an jeder der beiden schmalen Seiten 6 Säulen zeigt. An den Langseiten zeigt die Halle 14 Säulen, die Ecksäulen mit inbegriffen, so dass im Ganzen 36 Säulen die Halle stützten; die Länge des Gebäudes beträgt 193 Fuss, seine Breite 81½ Fuss an der untersten Stufe des Unterbaus gemessen.

Der von Wänden eingeschlossene Raum des Tempels zerfällt in 3 Theile, den Pronaos, die Cella und das Posticum. In der Rückwand des Pronaos befand sich die breite und hohe Tempelthüre, durch die man allein in die Cella (σηκός) gelangen konnte. Die Cella bildete im Grundriss ein längliches Viereck, 35 Fuss breit und 77½ Fuss lang, und wurde der Länge nach durch 2 Säulenstellungen von je 7 Säulen in 3 Abtheilungen geschieden, von denen die mittelste die breiteste ist und 13 Fuss zwischen den Säulen misst. Die Seiten-Abtheilungen enthielten 2 Stockwerke, indem über der unteren Säulenstellung und auf dem von den Säulen derselben getragenen Epistylion sich 7 andere kleinere Säulen erhoben, die eine nach innen geöffnete Gallerie (ὑπερῷον) bildeten. Das Posticum ist auf gleiche Weise geordnet, wie der Pronaos; nur hat jenes nicht ganz 21 Fuss, letzterer 23 Fuss Tiefe. Das ganze Tempelgebäude erhob sich auf einem Unterbau von 3 zusammen 5 Fuss hohen Stufen. Die Proportionen und Formen der Architectur an diesem Tempel sind gedrungen und schwer, wodurch sie sich wesentlich von den feineren und eleganteren Formen attischer Monumente unterscheiden. Die Säulen des Peripteros haben einen unteren Durchmesser von beinahe $6\frac{1}{4}$ Fuss bei einer Höhe von $27\frac{1}{4}$ Fuss (= $4\frac{1}{3}$ mal dem untern Säulendurchmesser). Die Säulenschäfte sind nach oben verjüngt (fast um ein Dritttheil) und mit 24 Cannelüren versehen, während sonst die dorischen Säulen nur 20 Cannelüren zeigen. Der Fries enthält die bekannten Triglyphen und kunstlose Metopen, die vielleicht ehedem gemalt waren. Im Mittelgange der Cella, dem Eingang gegenüber, stand das Bild Poseidons, von dem aber keine Spur mehr aufgefunden wurde. Die fensterlose Cella erhielt ihr Licht von oben durch eine Oeffnung des Dachs, wie diess bei allen grösseren Tempeln stattfand, die daher hypaethrale hiessen. Diese keineswegs grosse Oeffnung wurde zur Regenzeit durch ein Nothdach gedeckt. Die aufgestellten Weihgeschenke und Tempelschätze, sowie das Bild des Gottes selbst waren durch Vorhänge bedeckt.

Der Tempel zu Paestum ist namentlich desshalb merkwürdig, weil er in Bezug auf das Innere der Cella der besterhaltene griechische Hypaethral-Tempel ist, der die Vitruvische Beschreibung dieser Tempelgattung bestätigt.

15. Säulen-Ordnungen und Tempel.

Dem idealen Bedürfniss des Gemüths, die Gottheit zu verehren, ist vor allem die Baukunst zu dienen berufen. Indem sie Gebäude errichtet, welche diesem allgemeinen Drang der Menschen genügen sollen, löst sie sich von den gemeinen täglichen Bedürfnissen los, wird freier und erhabener in der Form. Unter allen Völkern des Alterthums sind es die Griechen (und Römer), bei denen wir die reinsten und schönsten Typen von Tempelbauten finden. Je mehr sich aus den verschiedenen Götterlehren und Mythen, welche ursprünglich auf Verehrung von Naturkräften beruhten, die sich in der Anbetung von Bäumen, Quellen u. dergl. Gegenständen der sinnlichen Wahrnehmung aussprach, die Verkörperung göttlicher Ideale in sinnlich anschaulichen Bildern entwickelte, um so mehr stiegen auch die Bedürfnisse des Cultus, und die Nothwendigkeit der Aufstellung solcher Götterbilder in geschützten Räumen gab die Veranlassung zu Errichtung von Tempeln. Die ältesten Tempelanlagen waren, wie noch erhaltene Beispiele zeigen, ursprünglich einfach oblonge Gebäude, die entweder bloss durch die Thüre oder durch Oeffnungen im Dach erhellt wurden, und in denen das Bild der Gottheit an der der Thüre gegenüber liegenden Wand aufgestellt war. Das Schiff des Tempels (der ναός im engern Sinne) war ausschliesslich zum Aufenthaltsort des Götterbildes bestimmt.

Da die Technik der Griechen weite Räume nicht zu überspannen vermochte, so mussten in Verbindung mit den Tempeln noch weitere Anlagen entstehen, um gottesdienstliche Handlungen, die im Innern des Tempels aus Mangel an Raum nicht abgehalten werden konnten, zu ermöglichen: Vorhallen an den Tempeln, Höfe zur Aufstellung von Altären wurden dem ursprünglichen einfachen Tempelraume hinzugefügt.

Die Vorhalle (πρόναος) Fig. 1, a. war mit Säulen geschmückt, über denen sich ein Giebel erhob; später brachte man diesem gegenüber (hinter dem Götterbild) eine zweite ebenfalls mit Säulen und Giebeln geschmückte Halle an, das sogenannte Posticum, Fig. 1, b., von welchem zuweilen noch ein besonderer Raum, der Opisthodomos, unterschieden wurde, welcher zur Aufbewahrung der Tempelschätze oder auch zum Staatsarchiv etc. bestimmt war. Diesen Kern umgaben dann meistens Säulenreihen, welche dem Tempel ein prächtigeres Aussehen und eine feinere Form gaben. Je nach der Zahl derselben erhielt der Tempel den Namen eines Peripteral-Tempels, wenn ringsum eine Reihe von Säulen stand, oder eines Dipteral-Tempels, wenn er ringsum von 2 Säulenreihen umgeben war. Verlangte der Cultus grössere Räumlichkeiten, so wurden im Innern, dem ναός (der Cella) noch 2 Säulenreihen, Fig. 1, d., angebracht, welche den Tempel in 3 Schiffe theilten. Um dem Tempel mehr Licht zuzuführen, wurde das Mittelschiff ohne Dach gelassen, die Seitenschiffe erhielten sogenannte Pultdächer. Die Verhältnisse brachten es nun mit sich, dass die innern Säulenreihen aus zwei Säulenstellungen übereinander bestanden, welche durch einen Steinbalken (einen sogenannten Architrav) getrennt waren. Die obere Säulenstellung half das Dach der Seitenschiffe mittragen (s. d. Tempel von Paestum

Taf. 14.). Solche oben offene Tempel hiessen Hypaethral-Tempel.

Die einfachste Tempelform ist der Tempel in antis, Fig. 2. Hier treten die Seiten-Wandungen über die Querwände hervor und schliessen dann 2 Säulen f f. zwischen sich ein. Hat der Tempel nur eine Vorhalle (a) so heisst er Prostylos, hat er deren zwei, (b) Amphiprostylos. Die

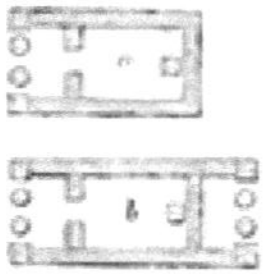

Hinzufügung der Säulenumgänge zu dieser einfachen ursprünglichen Tempelform gab den griechischen Tempeln ihre für alle Zeiten unübertroffene Formvollendung. Die Eigenthümlichkeiten der 2 griechischen Hauptstämme, des dorischen und jonischen, prägten sich hauptsächlich auch in den Formen aus, welche an den Säulen und den ihnen aufliegenden Gebälken hervortreten, und nach welchen man Tempel dorischer und jonischer Ordnung zu unterscheiden pflegt; letztere Art hat wieder durch dorischen Einfluss in Attika eine Modification in der als attisch bezeichneten Ordnung erlitten. Eine dritte Ordnung, die korinthische, kann nicht als besondere Gattung gelten, da die Bildung der Säulen und des Gebälks dem jonischen Styl entsprungen ist und nur das Kapitäl eine Umwandlung erleidet.

Beginnen wir mit der dorischen Ordnung, so sehen wir die Säulen ohne Zwischenglied unmittelbar auf der Fläche des gemeinsamen Stylobats (Unterbaues) sich erheben, Fig. 2 ff. Die dorische Säule, einem geriefelten Pflanzenstengel nachgebildet, wesshalb der Schaft derselben auch *scapus* bei den Römern scapus heisst) ist cannelirt, d. h. die Mantelfläche besteht in lauter kleinen, nach einer flachen Bogenlinie ausgehöhlten Furchen, deren es gewöhnlich 20, zuweilen bloss 16 sind, und welche in einem scharfen Grat Fig. 3. zusammentreffen. Die Säule selbst verjüngt sich nicht geradlinig, sondern nach einer sanft nach aussen gebogenen Curve. Zu oberst hat sie, Fig. 4., ein durch einen Einschnitt von der Säule getrenntes, oft verschieden verziertes Capitäl, welches aus einem Hypotrachelium, Fig. 4 g., einem Echinus h, und einem Abacus i (einer quadratischen dem Gebälk als Unterlage dienenden Platte) besteht. Auf dem Abacus ruhen die mächtigen Steinbalken des Architravs, Fig. 2 k, nach oben mit einem Plättchen abgeschlossen. Auf diesen hinwiederum liegt der Fries. Fig. 2 l. Beim dorischen Styl finden sich im Fries sogenannte Triglyphen (Dreischlitze) Fig. 2 m., gerade in der Säulen-Axe angebracht, die Stellen bezeichnend, an welchen auf dem Architrav die zur Unterstützung des Daches dienenden Längsbalken aufliegen. Unter den Architrav-Plättchen und den Triglyphen sind immer je 6 Tropfen angebracht. Zwischen den durch die Triglyphen bezeichneten Längsbalken des Frieses bilden sich Felder, welche ursprünglich offen, später durch sogenannte Metopen (meist mit Reliefs geschmückte Steintafeln) Fig. 2 n, geschlossen wurden. Die gleichförmige Eintheilung der Triglyphen im Fries, welche beim Tempel in antis ohne Schwierigkeit eine Triglyphe, der Construction gemäss, an die Ecke des Frieses zu stellen erlaubte, bedingte, um dieses auch bei peripteralen Tempeln zu ermöglichen, eine Näherstellung der Ecksäulen und eine Verrückung der Triglyphenmitte aus der Achse der Ecksäule.

Ueber den Fries erhebt sich das weitausladende Haupt- oder Kranzgesims Fig. 2 r r mit der Hängplatte, an der mit der Triglyphen-Eintheilung harmonirende Dielenköpfe (mutuli) angebracht sind. Die Traufrinne Fig. 2 s s (sima) mit Wasserspeiern in Löwenkopfform Fig. 2 p. schliesst das Gesims oben ab. Beim Giebel geht horizontal die Hängeplatte durch, dagegen verfolgt die sima die Richtung der schiefen Seiten des Giebel-Dreiecks. In gleicher Richtung wie die sima am Giebel steigt daselbst noch eine Hängplatte an, die aber keine mutuli hat. Das Dach selbst ist mit schön ornamentirten Stirn- und First-Ziegeln und an den Giebelanfängen und am Giebelfirst meist mit sogenannten Acroterien Fig. 2 q q geschmückt.

Wesentlich verschieden von dieser Form zeigt sich der jonische Styl. Während die dorische Säule in der Regel eine Höhe von 4, höchstens 6 unteren Durchmessern hat, erreicht die jonische Säule, Fig. 5. die Höhe von deren 8½, bis 9½, und während die ersteren gewöhnlich nur 1¼ bis 1½ ihrer Durchmesser von einander abstehen, sind die jonischen 1½—2, ja 3 untere Säulen-Durchmesser von einander entfernt. Die dorische Säule verjüngt sich nach oben um mehr als ⅕, selten um weniger als ⅕ des untern Durchmessers, die jonische dagegen nur um ⅙—⅛ und noch weniger, je grösser das wirkliche Mass ihrer Höhe ist. Die Furchen des Schaftes der jonischen Säule kommen nicht in einem Grate zusammen, wie bei der dorischen Fig. 3., sondern sie lassen zwischen sich Stege, welche in der eigentlichen Mantelfläche liegen Fig. 9. Diese Furchen sind jedoch tiefer gehöhlt als bei der dorischen. Die Anzahl der Cannelüren steigt auf 24. Während die dorische Säule unmittelbar auf dem Unterbau steht, hat die jonische eine besondere Basis Fig. 7., zuerst eine quadratische Platte (plinthus), auf der die übrigen Glieder der Basis liegen. Diese bestehen unterhalb aus zwei nach innen elastisch eingezogenen Kehlen, die durch feine, reifartige Glieder mit einander, sowie mit der Platte an dem obern Theile verbunden sind. Den letztern bildet ein kräftig ausladender Wulst (torus), von welchem der Schaft mit leiser Einziehung (dem sogenannten Anlauf) aufsteigt. Das Kapitäl zeigt wie das Dorische einen Echinus, aber von runderem Profil und durch eine Eierverzierung Fig. 10 a charakterisirt, sowie durch ein als Perlenschnur Fig. 10 b behandeltes Band mit dem Schaft verknüpft. Ueber den Echinus aber breitet sich statt des einfachen Abacus eine Art Polster aus, das auf beiden Seiten weit vorspringt und in spiralförmiger Windung mit kräftig geschwungenen Schnecken (Voluten) (Fig. 10 e.) endigt. Den oberen Abschluss des Capitäls bildet eine quadratische meist mit Herzblättern verzierte dünne Platte, welche den Eindruck, als sei das Polster der tragende Theil, nicht verwischt. Säule und Gebälk der jonischen Ordnung zeigen nicht mehr die strengen Regeln im Aufbau, wie die dorische, sie sind freier, beweglicher, der Architrav erscheint, obgleich aus einem Stück, aus drei Streifen (Fig. 5 und 6 cc) bestehend, und erhält dadurch eine bessere Schatten-Wirkung. Noch mehr ist der Fries verändert, die Metopen und Triglyphen fallen weg, so dass er nur noch eine ununterbrochene Fläche darbietet, welche die Anwendung von grösseren Reliefdarstellungen möglich macht, weshalb er auch Zophoros (Bilderträger) heisst. Doch ist der jonische Fries in der Höhe beschränkter geworden, als der dorische. Ueber demselben springt, wie bei der dorischen Ordnung die Hängplatte des Kranzgesimses hervor; jedoch sind hier die Dielenköpfe weggelassen und an ihre Stelle ist der Zahnschnitt Fig. 5 d getreten, der dem Gesims eine bedeutende Schattenwirkung sichert, und dasselbe leichter erscheinen lässt. Giebel und Dachbildung sind wie bei der dorischen, nur ist die sima anders geschweift. Die einzelnen Glieder sind unter sich durch Perlenschnüre und mit Blättern geschmückte wellenförmige Glieder verbunden, welche dem Ganzen einen heitern, reichen Ausdruck geben. Die eigenthümliche Form der Capitäle, welche gegen die Vor- und Rückfront und wieder gegen die Seiten gleichartige Formen zeigen, macht in den Ecken der Säulenumgänge eine Modification nothwendig, indem zwei Voluten-Ansichten zusammenstossen und die Eckvolute sich krümmend vorspringt. Verschiedene Formen von Pilaster-Kapitälen der jonischen Ordnung, welche als Bekrönung der Anten-Vorsprünge u. s. w. angewendet wurden, zeigen Fig. 11 und 12.

In Folge dorischer Einflüsse bildete sich, wie schon erwähnt, in Attika aus dem jonischen Styl eine Abart, der sogenannte attische Styl Fig. 6, aus. Der Säulen-Basis wurde der Plinthus genommen, dafür aber die doppelte Einziehung in eine einfache Fig. 8 verwandelt, die durch einen kräftigen Wulst mit dem gemeinsamen Untersatz verbunden ist. Der Säulenschaft ist dem jonischen ähnlich, doch etwas weniger schlank, der Fries höher als der jonische und die Zahnschnitte fallen weg Fig. 6 a. Einige der am ältesten angewandten Verzierungen der einzelnen Glieder zeigen Fig. 8, 12, 16.

Die sogenannte griechisch-korinthische Ordnung Fig. 14 erscheint nicht als eine selbständige Gattung neben der dorischen und jonischen, sondern ist eher als eine spielende Abart beider zu bezeichnen. Die Grundelemente des baulichen Gerüstes sind dem jonischen Styl entnommen und nur für das Capitäl der Säule bildet sich eine neue originelle Form aus, als deren Urheber der Bildhauer Kallimachus angegeben wird. Das Charakteristische dieser Säulen-Form ist die schlanke kelchförmige Gestalt des Capitäls (cf. das Denkmal des Lysikrates Taf. 8.), das in mehreren Reihen mit Blättern umkleidet ist, welche aufrecht stehend nach aussen umgebogen sind und mit der Spitze sanft überschlagen. Hiefür wurde meist das reichgegliederte, feingezahnte Blatt des Acanthus (Bärenklau), doch auch andere z. B. schilfartige Blätter gewählt. Gewöhnlich bilden die untern Theile des Capitäls zwei sich über einander erhebende Reihen von Acanthus-Blättern. Aus ihnen erheben sich Blumen-Stiele, die in der Mitte wieder eine palmettenartige Blume tragen, während nach aussen sich Voluten emporschwingen, die auf ihrem Rücken den geschweiften Abacus aufnehmen Fig. 15 a. Das Gebälke der (griechisch-)korinthischen Ordnung ist dem der jonischen fast ganz gleich.

Die römische Baukunst zeigt in den Grundrissen der Tempel in späteren Zeiten wenig Unterschied von der griechischen, doch bedingten die dem Cultus der Römer eigenen Gebräuche, wie die Vogelschau, anfänglich eine abweichende Grundform, die auch in späteren Zeiten manchmal wieder aufgenommen wurde. Den Ausgangspunkt bot der etruscische Tempel. Während der griechische Tempel schlechthin die Wohnung des Gottes ist, ist der italische zugleich für die Ergründung der Willensmeinung des Gottes bestimmt. Der italische Tempel ist entsprechend dem Standpunkte des Augur von Nord nach Süd gerichtet, und da sich die Etrusker die Wohnung der himmlischen Götter im Norden dachten, so ist der nördliche Theil zur Aufnahme des Götterbildes bestimmt; der südlich davor

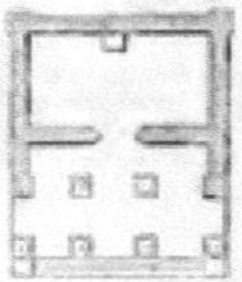

gelegene Theil (antica) ist, um die Beobachtung des Himmels zu ermöglichen, nicht mit Mauern eingeschlossen, sondern nur von Säulen umgränzt und an dem Punkte, wo der Augur seine Beobachtungen anstellte, war die Thür der Cella angebracht. Die Grundform des Ganzen ist ganz oder nahezu quadratisch. Eine weitere Ausdehnung erfuhr der Tempelbau durch die Anwendung der Wölbung. Kuppel- Tonnen- und Kreuzgewölbe boten nun zu den verschiedenartigsten Anlagen Gelegenheit. Die nüchterne Bauart der Etrusker, welche bis zur Bekanntschaft mit den Griechen sich mit einfachen Grundrissen begnügt hatte, erhielt durch das Hereinziehen der Säulen eigentlich erst ihren künstlerischen Schmuck. Oft dienten diese, als Halbsäulen aus den Wänden tretend, nur dazu, um die Mauer belebter zu machen. Solche Anlagen hiessen Pseudoperipteral-Bauten. Die einfachen Formen der dorischen und jonischen Ordnung wurden selten angewendet, und fast ausschliesslich die korinthische eingeführt. An manchen Gebäuden, z. B. am Colosseum in Rom (s. d.) sah man oft auch die verschiedenen Säulenordnungen über einander angebracht, so dass dem unteren Stockwerk die dorische, dem mittlern die jonische, dem obern die korinthische Ordnung zugetheilt war. Ueberhaupt war die Gesetzmässigkeit in den Ordnungen der griechischen Bauten nicht mehr vorhanden, namentlich bei denjenigen Bauten, welche gewölbte Decken hatten. Hier dienten die Säulen und Gebälke, weil nicht zur Construction des Baues gehörig, meist nur als zwecklos erscheinendes Decorations-Mittel. Die dorische und jonische Ordnung erlitt sowohl an den Säulen als am Gebälk Veränderungen; die dorischen Säulen erhielten den attischen ähnliche Säulenfüsse, und das Kapitäl derselben wurde durch nüchterne aber mehrgliederige Formen in der Wirkung abgeschwächt; die Triglyphen und Metopen blieben, jedoch ohne Beziehung zur Construction, als reine Decoration; beim HauptGesims häuften sich die Glieder, und die edle Einfachheit des griechischen Gebälkes ging verloren. Ebenso erging es der jonischen Ordnung, welche zwar der griechisch-jonischen noch am ähnlichsten blieb, dagegen namentlich am Kapitäl durch Verflachung des Polsters einbüsste, indem die untere Schwellung meist in eine gerade Linie überging. Die wesentlichsten Veränderungen erlebte der korinthische Styl. Das Kapitäl erhielt zunächst mehr Voluten, wurde blätterreicher und durch Verbindung des korinthischen und des jonischen (daher Composita-Kapitäl genannt) prunkvoller. Hauptsächlich wurde das Hauptgesims weiter entwickelt, das unter Beibehaltung der reichen jonischen Formen durch Anbringung von Consolen einen imposanteren Eindruck machte.

Konnte die Höhe der Bauten mit einer Säulenstellung nicht genügend erreicht werden, so wandte man wohl noch über dem Hauptgeschoss eine sogenannte Attica an, ein Halbgeschoss mit Pilasterstellung.

Noch ist der sogenannten Karyatiden Fig. 13. zu erwähnen, weiblicher Figuren, welche auf hohen Brüstungs-Mauern aufgestellt, auf ihren Köpfen das Gebälke trugen und so die Stelle der Säulen vertraten. Die einzig erhaltenen alten Beispiele dieser Art befinden sich am Erechtheum in Athen (s. d. Bl. 5.).

16. und 23. Rom vom Kapitol aus und das alte römische Forum (restaur.).

Das alte Forum Romanum, das heutzutage Campo Vaccino [Kuhplatz] heisst, weil die Bauern beim Hereinkommen in die Stadt dort ihr Vieh rasten liessen, und von dessen jetzigem Zustande uns Taf. 16. ein Bild gibt, zog sich, im NO. von der alten sacra via begränzt, in einer Länge von 630 par. Fuss und in einer Breite oben am Capitol von 160 Fuss, am Tempel der Faustina von 110 Fuss vom Kapitolinischen Hügel bis zur Velia hin. Seit der Zeit des älteren Tarquinius waren die Seiten des Forums mit Säulen-Gängen und Buden umgeben, worin Handel aller Art getrieben wurde, und da man ältere und neuere Buden unterschied, so hiess die Südwest-Seite sub veteribus, die gegenüberliegende an der sacra via sub novis. Bei der oben angegebenen Länge und Breite des Forums war der Platz ein nicht sehr geräumiger und konnte, auch wenn man die Abdachung des Capitolinischen Hügels dazu nahm, kaum 30,000 Menschen fassen. Der ganze Raum zerfiel in 2 Abtheilungen, das Comitium und das Forum im engern Sinne. Ueber die Lage des ersteren, auf dem sich die Patricier zu den Comitia curiata versammelten, sind die Ansichten sehr verschieden. Ohne Zweifel befand es sich unmittelbar unter dem Kapitol und wurde nordöstlich durch die Linie vom Tempel des Saturn bis zum Bogen des Severus und dem Carcer Mamertinus (Tullianus) begränzt. An beiden Seiten des Comitiums und Forums erhoben sich im Laufe der Zeiten Basiliken (Markt- und Gerichts-Hallen); so an der sacra via die Basilica Aemilia, (gebaut [180 v. Chr.] von M. Aemilius Lepidus und M. Fulvius Nobilior) die curia Hostilia (von Tullus Hostilius errichtet) mit dem Tempel der Felicitas, vor welcher eine Rednerbühne stand, die Basilica Porcia (erbaut 184 v. Chr. durch M. Porcius Cato); auf der gegenüberliegenden Seite die Basilica Julia (von Oktavian zu Ehren des Julius Caesar errichtet); ebenso viele Tempel, wie der des Antoninus und der Faustina (an der von den Carinae herabkommenden Strasse), der der Felicitas (von Caesar an Stelle der bei Clodius Tode abgebrannten und von Sulla's Sohne wieder aufgebauten curia Hostilia errichtet), der Vesta, des Castor und Pollux und der Minerva u. a. Am Eingang in die sacra via lag der fornix (arcus) Fabianus (von dem Consul und Aedilen Fabius Maximus, einem Freunde Caesars, hergestellt) und ihm entsprechend vielleicht auf der linken Seite ein arcus Augusti. Am Ende der sacra via unter dem Capitol erhob sich der noch vorhandene Bogen des Septimius Severus, links von demselben die rostra mit einem länglichen Vorbau, der Graecostasis und die Breite des ganzen Forums einnehmend, das tabularium (das Reichsarchiv), der von Camillus gegründete Tempel der Concordia, der Tempel des Vespasian und der des Saturn. Im Hintergrund wurde das Forum überragt von dem zweigipfligen Capitolinischen Hügel (s. Taf. 17.). Durch den grossen Brand unter Nero (cf. Tac. ann. 15, 38 bis 41) wurde mit dem grössten Theil Roms auch das Forum fast gänzlich eingeäschert. Mehr oder weniger erhalten und zum Theil auf unserer Tafel 16 sichtbar sind jetzt noch der Bogen des Septimius Severus, der Unterbau des Tempels der Concordia, des Carcer Mamertinus, 3 Säulen vom Tempel des Vespasian, 3 Säulen von dem Tempel des Saturn, die Treppe der Basilica Julia, 3 Säulen vom Tempel der Minerva, die Vorhalle und ein Theil der Cella vom Tempel der Faustina.

17. Das Kapitol.

Das Kapitol (il Campidoglio) hat seinen Namen von dem Haupttempel Roms, dem Capitolium, den der König Tarquinius der Aeltere im Sabiner-Kriege gelobt und auf dem Tarpejischen Hügel begonnen hatte, der aber erst von seinem Sohne Tarquinius Superbus vollendet wurde. Der capitolinische Hügel, wie er nachher hiess, hat 2 durch eine Vertiefung von einander getrennte Spitzen, deren östliche, worauf jetzt die Kirche Santa Maria in ara coli steht, 146—151 Fuss über dem Meere, die westliche, wo sich der Palast Caffarelli erhebt, 141 Fuss hoch ist. Das Ganze hat einen Umfang von 800 Schritten, und die höchste Breite beträgt ein Drittheil der Länge. Auf der östlichen Spitze stand die eigentliche Burg, ein nicht durch Kunst, sondern schon von Natur fester Punkt mit steil abfallenden Felswänden. Auf der westlichen Spitze stand der 200 Fuss lange und 185 Fuss breite dreifache Tempel des Jupiter, der Juno und Minerva, von dessen Unterbau noch spärliche Reste vorhanden sind. Die Statue Jupiters, welcher sitzend auf einem Sessel von Gold und Elfenbein abgebildet war, bestand in den ältesten Zeiten aus rothgefärbtem Thon. Unter Trajan wurde sie aus Gold gefertigt. Das eherne Dach des Tempels und die Pforte hatte Q. Catulus vergolden lassen. Die Vergoldung allein soll 12,000 Talente gekostet haben, weswegen die Römer das Gebäude auch das goldene hiessen. Auf dem Giebel stand eine Quadriga von vergoldetem Erz. Vor dem Tempel lag die area Capitolina.

Von den an den Jupiter-Tempel anstossenden Heiligthümern war der Tempel des Jupiter tonans das bedeutendste. Auf der arx, wo das auguraculum war, stand der Tempel der Juno Moneta (erb. 408 d. St.), von dem aber nicht mehr mit Bestimmtheit angegeben werden kann, auf welchem Punkte er gestanden hat. Mit ihm war später die Münze verbunden. Ein Theil des Raumes zwischen beiden Spitzen des Hügels bildete das Asylum, jene von Romulus zum Zwecke der raschen Bevölkerung der Stadt gestiftete Freistätte, wo fremde Verfolgte und Verbrecher sicher und unantastbar sein sollten. Neben dem Asylum bestand lange Zeit ein Wäldchen. Der übrige freie Platz diente zu Volksversammlungen in Tribut-Comitien, zu Aushebungen und Musterungen. Auf der westlichen Seite des Capitols befand sich der etwa 75 Fuss hohe speciell sogenannte tarpejische Fels, von dem Verbrecher (insbesondere Hochverräther) herabgestürzt wurden. An das südwestliche Ende des Asylums stiess das tabularium (das Staats-Archiv) mit der Schatzkammer (aerarium). Dasselbe ist, obwohl vielfach beschädigt und verändert, noch ziemlich wohl erhalten, und bildet noch immer einen der ansehnlichsten Reste aus der alten Zeit. In den Säulengängen des Kapitols wurde bei Triumphfeierlichkeiten das Volk auf Staatskosten gespeist. Drei Wege führten von der Stadt aus auf das Kapitol, von dem der breiteste, die sacra via, (von der feierlichen Procession, welche sich an den Iden eines jeden Monats auf ihr nach dem Capitol bewegte) später vom Bogen des Septimius Severus durch die Porta Pandana zum Jupiter-Tempel führte. An diesem Wege lag das Staats-Gefängniss (Carcer Tullianus s. Publicus) cf. Bl. 23.

18. Die Tiber-Insel.

Die **Tiber-Insel**, welche im Mittelalter den schwer zu erklärenden Namen **Insula Lycaonia** führte, und jetzt nach der auf ihr stehenden Kirche des heil. **Bartholomaeus** den Namen **Isola di San Bartolomeo** hat, verdankt der Sage nach ihre Entstehung dem Umstande, dass nach der Vertreibung der Könige das auf den Feldern der **Tarquinier** abgemähte und in den Fluss geworfene Getreide sich dort festsetzte. Auf der Stelle, wo jetzt die **Bartholomäus-Kirche** steht, stand im Alterthum ein Tempel des **Aesculap**, dem später die Insel selbst geweiht wurde. Im Jahr 291 v. Chr. war nämlich in Rom eine schwere Seuche ausgebrochen, und nach der Angabe der **sibyllinischen** Bücher hatte man eine Gesandtschaft nach **Epidaurus** in Argolis im **Peloponnes** geschickt, um eine der heiligen Schlangen kommen zu lassen, die daselbst im Haine des **Aesculap** unterhalten wurden. Bei der Ankunft des Schiffs, das die Schlange nach Rom führte, schlüpfte dieselbe an der **Tiber-Insel** aus dem Schiff und verbarg sich auf der Insel, ohne dass sie wieder gefunden worden wäre. Die Seuche hörte auf und zum Andenken an die Begebenheit weihte man die Insel dem Aesculap und gab ihr durch einen Unterbau von Travertin-Blöcken die Form eines Schiffes. cf. Liv. Epit. XI, Suet. Claud. 25 und Ovid Met. 15, 739 ff. Bei niederem Wasserstand erkennt man an dem Hintertheile dieses Schiffes noch ein Relief-Bild von dem **Kopf des Gottes**, eine um einen **Stab gewundene Schlange** und einen **Stierkopf**. Ausser dem **Aesculap-Tempel** stand auf der Insel noch ein **Tempel des Jupiter** (gebaut im Jahr 196 v. Chr.) und ein **Tempel des Faunus** aus dem Jahr 195 v. Chr. Die beiden über die Tiber führenden **Brücken** sind: rechts der **pons Cestius** (jetzt Ponte di San Bartolomeo) und links der **Pons Fabricius** (jetzt Ponte de quattro capi).

19. Die Thermen des Diocletian.

Die von den Kaisern **Diocletian** und **Maximian** errichteten Thermen übertrafen an Grösse und Pracht alle übrigen derartigen Gebäude in Rom, indem sie nach einer Berechnung **Olympiodor's** Raum genug hatten, dass in den 3000 **Bad-Cabineten** zugleich 3200 **Personen** baden konnten. Um einen Begriff von ihrer Ausdehnung zu bekommen, genügt es wohl, anzuführen, dass sie den ganzen Raum einnahmen, den heutzutage die Kirchen von **San Bernardo** und **Santa Maria degli Angeli**, ein Theil der **Villa Massimi** und eine beträchtliche Anzahl öffentlicher und Privat-Gebäude und Gärten bedecken. Ihr Umfang wird auf mehr als 1200 Schritte angegeben. Das Ganze bildete ein Viereck mit mehreren vorspringenden Theilen; die Vorderseite liegt gegen Osten. Die beiden Enden der Hinterseite wurden durch zwei sich entsprechende **Rundgebäude** bezeichnet, deren eines jetzt in die Kirche **San Bernardo** verwandelt ist, während das andere unter **Papst Clemens XI.** zu einem **Kornspeicher** eingerichtet wurde. Der mittlere Theil der Hinterseite bildet einen halbrunden Vorbau von beträchtlicher Grösse, der noch jetzt im Garten des Klosters von **San Bernardo** erscheint. Die Stufen, auf denen derselbe sich erhob, sowie das ganze untere Geschoss, worin die Badezimmer sich befanden, sind unter dem Boden der heutigen Stadt verschüttet. Die bedeutendsten Reste dieser Thermen sind die des mittleren Hauptgebäudes derselben, zu dem ein Rundgebäude und der grosse Saal gehört, welcher nach der gewöhnlichen Annahme zu der **Pinacotheca** diente, und jetzt das Querschiff der unter Papst **Pius IV.** von **Michel Angelo** erbauten Kirche **S. Maria degli Angeli** bildet. Reste von Badezimmern sieht man noch in den **Kellern** des dort befindlichen **Karthäuser-Klosters**. Die ganze grossartige Anlage sollte indess nicht bloss dem Zwecke des Badens, als Erfrischungs-Ort für den Körper dienen, sondern **Diocletian**, der auch die berühmte **Ulpianische Bibliothek** vom **Forum des Trajan** dorthin hatte verbringen lassen, vereinigte darin Alles, was den Wissenschaft und Kunst liebenden Theil des damaligen römischen Publikums befriedigen konnte.

Vor den Thermen des Diocletian lag der **agger** des **Servius Tullius**, dessen Stelle heutzutage der Central-Bahnhof einnimmt, und östlich von diesem die **Praetorianer-Kaserne** (**castra Praetoriana**).

20. Der Circus des Caracalla (Marcelius).

Die Circi Roms waren ähnlich den griechischen Hippodromen grosse offene Plätze von der Gestalt eines Oblongums, das, an dem einen Ende flach abgeschnitten, an dem andern in einem Halbzirkel sich abrundete. An der kürzeren Vorderseite befanden sich die Schranken (carceres), von wo die Wägen zum Wettrennen auf ein mit einem weissen Tuche (mappa) gegebenes Zeichen, das der die Spiele veranstaltende Beamte in die Bahn warf, unter dem Schall der Trompeten ausliefen. Der Haupteingang des Circus lag zwischen den Carceres, deren es (beim Circus Maximus wie bei dem des Caracalla) auf jeder Seite sechs waren. Diese lagen nicht in gerader Richtung neben einander, sondern bildeten eine krumme mehr nach der linken Seite gebogene Linie. An den beiden langen parallellaufenden Seiten, sowie an der abgerundeten befanden sich die stufenweise sich übereinander erhebenden, auf gewölbten Gängen ruhenden Sitze der Zuschauer. Auf dem Podium, dem vordersten und vornehmsten Platze, scheinen ausser den Senatoren und Vestalinnen auch die Ritter ihren Platz gehabt zu haben. Dieses Podium war zum Schutz gegen etwa ausbrechende wilde Thiere mit einem eisernen Gitter versehen. Mitten in dem freien Platze (area) zwischen den Zuschauer-Räumen lag die Spina, eine schmale gewöhnlich 12 Fuss breite und 6 Fuss hohe von Mauerwerk aufgeführte Erhöhung, die mit kleinen Tempeln, Altären, Statuen, Säulen, zur Kaiserzeit namentlich mit ägyptischen Obelisken geschmückt war, und um welche die Wägen herumliefen. Gewöhnlich fuhren 4 Gespanne zugleich auf der Bahn und zwar meist Bigae und Quadrigae. Die Wägen mussten 7 Mal, ohne anzuhalten, die doppelte Länge der Rennbahn durchlaufen. Am Ende derselben erhoben sich 3 zusammengekuppelte Kegelsäulen (metae), die den Wettkämpfern zum Ziele dienten, und die ursprünglich von Holz, später von Marmor waren. Aussen waren die Cirken gewöhnlich von Säulengängen, Gallerien, Kaufläden und öffentlichen Plätzen umgeben. Die circensischen Spiele selbst wurden mit einer religiösen Ceremonie eröffnet. Vom Capitol bewegte sich der Festzug unter Vorantragung von Götterbildern über das festlich geschmückte Forum durch das mittlere Hauptthor des Circus, die Bahn entlang um die metae herum unter Flöten- und Trompetenschall. War das oben erwähnte Zeichen gegeben, dann stürmten unter dem ungeheuren Geschrei der Zuschauermenge die Wägen, die bald in dichte Staubwolken gehüllt kaum mehr sichtbar waren, in die Bahn. Donnerndes Jubelgeschrei empfing den zuerst am Ziel angekommenen Wagen, und obwohl die Rennen oft vom frühen Morgen bis zum späten Abend mit wenigen Unterbrechungen dauerten, so harrte die Menge trotz Regen und Sonnenschein die ganze Zeit über geduldig aus.

Der auf unserer Tafel abgebildete, links von der appischen Strasse gelegene Circus ist der sogenannte Circus des Caracalla, der aber, wie neuere Forschungen nachgewiesen haben, nicht von diesem Kaiser, sondern von Maxentius zu Ehren seines Sohnes Romulus im Jahr 311 n. Chr. erbaut wurde. Dass er von Maxentius herrührt, dafür spricht insbesondere eine der 3 im Jahr 1825 im Circus aufgefundenen Inschriften, welche unter dem grossen Eingangsthore angebracht ist und also lautet: DIVO ROMULO. N. M. V. COS. ORD. II. FILIO. D. N. MAXENTII. INVICT. (VIRI. ET PERP.) AUG. NEPOTI. T. DIVI. MAXIMIANI. SEN. ORIS. AC. (BIS. AUGUSTI). Dieser Circus ist der einzige auf unsere Zeit gekommene, welcher von der Einrichtung der römischen Rennbahnen eine Anschauung geben kann. Die Form desselben ist die oben erwähnte des röm. Circus. Seine Länge beträgt 1482 Fuss, seine Breite 241 Fuss. Er war sonach der grösste nach dem Circus Maximus und konnte 18,000 (nach andern 20,000) Personen aufnehmen. Die 3 Haupttheile desselben, die Carceres, der eigentliche Circus und die Spina wurden durch Ausgrabungen deutlich bloss gelegt. Der Haupt-Eingang lag an der Appischen Strasse zwischen den Carceres, deren Reste sammt der Mauer von 2 Thürmen, die mit den Carceres in Verbindung standen, und auf deren Gallerien wohl die Musiker aufgestellt waren, noch deutlich zu erkennen sind. Die Mauern des Circus bestehen aus abwechselnden Schichten von Tuff und Ziegelwerk von schlechter Construction. Ausser dem Haupt-Eingang zwischen den Carceres sieht man noch 4 andere Eingänge. Zwei derselben befinden sich neben den oben erwähnten Thürmen, ein dritter an der rechten Seitenwand, ungefähr der ersten Meta gegenüber, wahrscheinlich die Porta Libitinaria oder Sandapilaria, durch welche die Leichen der bei den Spielen Gefallenen hinausgeschleift wurden, die 4te in der Mitte des Halbkreises, die porta triumphalis, durch welche die Wägen, die im Wettrennen den Sieg davontrugen, abfuhren. An den beiden äussern Seitenmauern, wo sich mehrere Fenster befinden, erhoben sich 2 Pulvinaria, von denen das eine grössere links von den carceres für den Kaiser bestimmt gewesen zu sein scheint, während auf dem andern wahrscheinlich die Preise vertheilt wurden. Die zu den Basen der metae dienenden Kapellen bilden ein Oval, das nach der Seite der Spina wie abgeschnitten ist. Die Spina selbst war 837 Fuss lang, aber nicht überall von gleicher Breite; ihre äusseren Wände waren mit Marmor bekleidet. Auf ihr stand ein 60 Fuss hoher Obelisk, der unter Papst Innocenz X. (1644—55) ausgegraben wurde und jetzt auf der Piazza navona steht.

21. 22. Das Pantheon.

Dieser prächtige Tempel, den man mit Recht als das vollkommenste und schönste Baudenkmal des alten Roms bewundert, wurde von M. Vipsanius Agrippa, dem berühmten Feldherrn, Freunde und Schwiegersohn des Kaisers Augustus (nach der auf dem Fries der Vorhalle stehenden Inschrift: »M. AGRIPPA. COS. TERTIUM. FECIT.«) in dessen 3tem Consulat (727 d. Stadt, 27 v. Chr.) auf dem Marsfeld errichtet. Er war mit den Thermen verbunden, die Agrippa zuerst in Rom errichten liess, und hatte wohl, da Tempel nicht zu den Bestandtheilen der Thermen gehörten, ursprünglich eine andere Bestimmung. Indess scheint Agrippa selbst noch seine Umwandlung in einen Tempel veranlasst und denselben nach Plinius dem Jupiter Ultor, nach Dio Cassius (23, 27.) dem Mars und der Venus geweiht zu haben. Diese Umwandlung in einen Tempel hatte auch die Erbauung der Vorhalle im Gefolge, in deren beiden noch vorhandenen grossen Nischen die Bildsäulen des August und des Agrippa standen. Der Tempel hatte viel durch Feuersbrünste zu leiden. Schon im 3ten Jahre nach seiner Erbauung schlug der Blitz in denselben und zerstörte die Bildsäule Augusts. Später wurde er von der grossen Feuersbrunst unter Titus ergriffen, aber von Domitian wiederhergestellt. Unter Trajans Regierung abermals vom Blitz getroffen, liess ihn Hadrian wieder ausbessern, worauf später nochmals eine Ausbesserung unter den Kaisern Septimius Severus und Caracalla im Jahr 202 n. Chr. stattfand, woher nachstehende auf dem Architrav der Vorhalle befindliche Inschrift rührt: IMP. CAES. L. SEPTIMIUS. SEVERUS. PIUS. PERTINAX. ARABICUS. ADIABENICUS. PARTHICUS. MAXIMUS. PONTIF. MAX. TRIB. POTEST. X. IMP. IX. COS. III. P. P. PROCOS. ET. IMP. CAES. M. AURELIUS. ANTONINUS. PIUS. FELIC. AUG. TRIB. POTEST. V. COS. PROCOS. PANTHEUM. VETUSTATE. CORRUPTUM. CUM. OMNI. CULTU. RESTITUERUNT. Im Jahr 391 wurde der Tempel wie alle andern heidnischen Tempel geschlossen, und erst zwischen den Jahren 608 und 610 durch Papst Bonifacius IV. mit Bewilligung des Byzantinischen Kaisers Phocas in eine Christliche Kirche umgewandelt, die nun den Namen S. Maria ad Martyres erhielt, weil sie neben der Jungfrau Maria allen Heiligen gewidmet wurde. (Von dem Feste ihrer Einweihung datirt die Stiftung des in der ganzen katholischen Christenheit eingeführten Allerheiligen-Festes.) Die beiden das Gebäude verunstaltenden Glockenthürmchen liess Papst Urban VIII. durch den Architekten Bernini aufführen. Die ehernen Ziegel, mit denen die Kuppel gedeckt war, wurden auf Befehl des Kaisers Constantius im Jahr 663 weggenommen, der sie nach Konstantinopel bringen lassen wollte. Sie wurden aber unterwegs von Saracenischen Seeräubern geraubt, die sie nach Alexandrien brachten. Unter Papst Gregor III. wurde ein Bleidach darüber gemacht, das die Kirche noch jetzt deckt. Die Vorhalle, zu der ursprünglich fünf, (jetzt nur noch eine Stufe) emporführten, misst 103 Fuss in die Länge und 60 Fuss in die Breite und wird durch 16 korinthische Säulen, deren Schäfte theils aus rothem, theils aus grünem Granit mit Basen und Kapitälen von weissem Marmor gefertigt sind, in 3 Schiffe getheilt. Diese 3 Schiffe hatten ehemals Tonnengewölbe, über denen sich ein Dachstuhl mit 40 Fuss langen Balken von vergoldetem Erz befand. Papst Urban VIII., aus dem Hause Barberini, liess diesen Dachstuhl theils zu Säulen in der Peterskirche, theils zu Kanonen in der Engelsburg umschmelzen, weshalb Pasquino bald darauf die Worte brachte: Quod non fecerunt Barbari, fecerunt Barberini. Das weggenommene Metall soll 450,230 Pfd. gewogen haben.

Der aus Ziegeln von trefflicher Construction ausgeführte Rundbau des Pantheon (das jetzt auch kurzweg la Rotonda heisst) erhebt sich auf einer Basis von Travertin. Er hat eine Höhe von 132 Fuss und einen gleich grossen Durchmesser. Die Mauern sind 19 Fuss dick. In der Innenmauer finden sich in regelmässiger Ordnung halbkreisförmige oder viereckige Nischen, in denen die Götterbilder standen. Die 14 kannelirten Säulen, die das Gewölbe tragen, sind aus Marmor und jetzt sämmtlich gelb angestrichen. Der Fussboden neigt sich etwas gegen die Mitte zum leichteren Abfluss des durch die Oeffnung der Kuppel hineinfallenden Regenwassers. Das Licht fällt durch die kreisrunde Oeffnung in der Kuppel des Dachs, die 26 Fuss im Durchmesser hat, in die Kirche. Auf die Kuppel führt eine Treppe von 190 Stufen. Ausser andern berühmten römischen Künstlern liegt dort unter einem der Altäre der berühmte Maler Raphael Sanzio da Urbino begraben.

24. Das Colosseum.

Zu den grossartigsten Baudenkmalen der alten Welt gehört das Flavische Amphitheater, gewöhnlich Colosseum, oder in der verdrehten Schreibart Colisseum genannt, das noch in seinen Trümmern Staunen und Bewunderung erregt. Es wurde vom Kaiser T. Flavius Vespasianus (70—79 n. Chr.) mitten in der Stadt zwischen den Hügeln Coelius, Esquilinus und Palatinus auf der Stelle des unter Kaiser Nero innerhalb des goldenen Hauses gegrabenen ungeheuren Lustsees, den Vespasian im Jahr 76 n. Chr. wieder hatte zuwerfen lassen, begonnen, von seinem Sohne Titus (79—81 n. Chr.) verschönert und eingeweiht, bei welcher Gelegenheit an einem Tage 5000 wilde Thiere gehetzt wurden, und vom Kaiser Domitian (81—96 n. Chr.) vollendet. Es war zu Festspielen, Thierkämpfen und Jagden bestimmt, und zugleich so eingerichtet, dass es durch 2 vom Esquilin und Coelius kommende Kanäle überschwemmt und zu Naumachien (Seegefechten) gebraucht werden konnte. Den Namen Colosseum erhielt es erst später entweder von seinen colossalen Dimensionen oder von der 120 Fuss hohen colossalen Statue des Kaisers Nero, in welcher sich derselbe als Apoll hatte darstellen lassen, und die vor demselben stand. Bei den Alten kommt der Name nicht vor. Es soll auf den Sitzen 87,000 Zuschauer und auf seinen offenen Gallerien und in den Gängen noch weitere 20,000 gefasst haben. Das Gebäude hatte eine Höhe von 154 Par. Fuss, war also um 3 Fuss höher als das Kapitol und wurde um seiner Grossartigkeit willen von den Geschichtschreibern des Kaiserreichs selbst den Pyramiden Aegyptens vorgezogen. Bis zum Jahr 217 n. Chr. stand es unversehrt; am Vulkans-Feste dieses Jahrs aber (23. Aug.) wurde es vom Blitze getroffen und brannte völlig aus. Der Grundriss hat die für die Amphitheater gebräuchliche elliptische Form; die grosse Axe misst 200 Mètres (= 636 rhein. Fuss) die kleine Axe 162 Mètres (= 531 rhein. Fuss). Die Plätze des Theaters waren je nach dem Range der Zuschauer verschieden; die des Podiums waren für die Senatoren, die Vestalinnen, die fremden Gesandten etc. bestimmt. Hinter dem Podium lagen die Plätze für die Ritter. Die dritte höher gelegene Abtheilung war für die Bürger bestimmt, während Freigelassenen, Sklaven, Weibern der niedrigsten Classen die oberste Abtheilung (summa cavea) angewiesen war. Die ebenfalls oval angelegte Arena war von der innern Mauer des Podiums umschlossen. Unter ihr befanden sich gewölbte Räume, in denen sich die Gladiatoren vor den Kämpfen versammelten, und andere, worin die wilden Thiere und die zu den Thierkämpfen Verurtheilten eingesperrt waren. Die Façade zeigt 4 Stockwerke; jedes der 3 untersten hat 80 Arkaden, deren viereckige Pfeiler mit Halbsäulen dorischer, jonischer und korinthischer Ordnung geziert sind; das 4te Stockwerk bildete eine sogenannte Attica und hatte statt der Halbsäulen korinthische Pilaster. Das obere Geschoss hatte 40 Fenster. Auf ⅔ der Höhe des Stockwerks ragten 240 Consolen aus der Mauer hervor, auf denen die Pfosten zur Befestigung der Taue standen, die das Zeltdach (velarium) trugen, das zum Schutz der Zuschauer gegen Sonne und Regen während der Spiele über das Theater gespannt wurde. Ein in der Mitte der Arena vor den Spielen errichteter Altar, auf welchem man dem Jupiter Opfer darbrachte, wurde, um den Spielen nicht hinderlich zu sein, vor Beginn derselben wieder entfernt. In der Geschichte Roms ist dieses Bauwerk durch die von den Kaisern darin veranstalteten Feste, zugleich aber auch durch die blutigen Hinrichtungen der Christen berühmt geworden. Jetzt steht nur noch die eine äussere Hälfte völlig erhalten, der obere Theil der andern ist zusammengestürzt oder zu andern Bauten verwendet worden. Die katholische Kirche hat sich des innern Raumes bemächtigt und die Leidensstationen anbringen lassen, die in Verbindung mit einem grossen in der Mitte aufgestellten Kreuze das Gebäude als ein dem Andenken der Märtyrer, die hier gelitten haben, bestimmtes Heiligthum bezeichnen.

ausgegraben, bei welcher Gelegenheit man die gepflasterte Strasse der Sacra via und die zum Theil noch erhaltene Treppe des Tempels entdeckte. Letztere bestand aus 21 Stufen und mass 15 Fuss in die Höhe. Der Tempel hat eine Vorhalle, aus 10 Säulen bestehend, von denen 6 die Fronte und je 3 die Seiten bilden. Die Säulen sind aus carystischem Marmor (Cipollin), haben eine Höhe von 43½ Fuss mit Einschluss der Basis und der Capitäle, welch letztere indess sehr verstümmelt sind. Am Architrav und am Fries der Fronte liesst man die Inschrift: DIVO ANTONINO ET DIVAE FAUSTINA EX. S(enatus) C(onsulto). Der Namen Antonins wurde erst nach seinem Tode dem seiner Gemahlin beigefügt. Von der ehemaligen Marmorbekleidung der Mauern der Cella sieht man noch das Capitäl von einem Pilaster. Der Marmor-Fries ist mit trefflich in halberhabener Arbeit ausgeführten Sculpturen geschmückt, die Greife, Candelaber, Vasen und arabeskenartige Zierrathen darstellen. Aus den Trümmern des Tempels ist die Kirche San Lorenzo in miranda gebaut.

26. Der Bogen des Septimius Severus.

Um's Jahr 203 n. Chr. liess Senat und Volk zu Rom diesen Triumphbogen zu Ehren des Kaisers Septimius Severus und seiner Söhne Caracalla und Geta wegen ihrer Siege über die Parther, Araber und Adiabener errichten, wie diess die in der Attica auf beiden Hauptfronten wiederholte Inschrift anzeigt. Diese Inschrift lautet: IMP. CAES. LUCIO. SEPTIMIO. M. FIL. SEVERO. PIO. PERTINACI. AUG. PATRI. PATRIAE. PARTHICO. ARABICO. ET. PARTHICO. ADIABENICO. PONTIF. MAXIMO. TRIBUN. POTEST. XI. IMP. XI. COS. III. PROCOS. ET. IMP. CAES. M. AURELIO. L. FIL. ANTONINO. AUG. PIO. FELICI. TRIBUNIC. POTEST. VI. COS. PROCOS. P. P. OPTIMIS. FORTISSIMISQUE. PRINCIPIBUS. OB. REM. PUBLICAM. RESTITUTAM. IMPERIUMQUE. POP. ROMANI. PROPAGATUM. INSIGNIBUS. VIRTUTIBUS. EORUM. DOMI. FORISQUE. S. P. Q. R. (cf. Dio Cass. 73–76. Herodian. 2. 3. Eutr. 8, 9.). Der Bogen ist aus griechischem (pentelischem) Marmor, hat 3 gewölbte Durchgänge, einen grössern in der Mitte und zwei kleinere auf den Seiten, und ist, einige durch Feuer und sonstige Umstände erlittene Beschädigungen abgerechnet, noch ganz erhalten. Die 3 Bogengewölbe sind mit vielerlei Rosetten geschmückt. An den beiden Hauptfronten stehen je 4 kannelirte Säulen zusammengesetzter (römischer) Ordnung. Die Skulpturen in halb erhabener Arbeit sind mittelmässig, zu grossem Theil verstümmelt und zeugen bereits von dem Verfalle der Kunst. Sie stellen glorreiche Begebenheiten aus den von Severus geführten Kriegen dar. Jeder der 4 dadurch dargestellten Triumphzüge ist nach einer Roma gerichtet, vor welcher die ihr zugeführten durchaus in Barbarenkleidung erscheinenden Gefangenen um Gnade flehen. Ausserdem erblickt man in den Winkeln und den Schlusssteinen des Gebäudes Siegesgöttinnen, Trophäen, Flussgötter und die Göttinnen der Jahreszeiten. Auf der Westseite des Bogens befindet sich eine Treppe, welche auf die Plattform führt, auf der ehedem ein mit 6 Pferden bespannter Triumphwagen mit den Statuen des Severus und Caracalla sich befunden haben soll.

Theil sehr verstümmelten Reliefs links den Titus von einer Victoria gekrönt und umgeben von Lictoren und anderem Gefolge, auf einem mit 4 Rossen bespannten Triumphwagen, dessen Zügel eine Roma lenkt: rechts erblickt man die im Triumpho aufgeführten Heiligthümer aus dem Tempel zu Jerusalem (cf. Taf. 63), den 7armigen goldenen Leuchter, den Schaubrodtisch, die silbernen Trompeten zur Verkündigung des Jubeljahrs, den Kasten, der die heiligen Schriften enthielt, und sonstige Tempelbeute, alles von römischen Soldaten auf den Schultern einhergetragen. In der Mitte des Bogengewölbes ist die Apotheose des Titus durch den ihn emporragenden Adler vorgestellt. Am Fries des Gebälkes befindet sich ein Opferzug, bei welchem der Jordanfluss in Gestalt eines Greises auf einer Bahre embergetragen wird, wodurch die Bezwingung Judäa's dargestellt werden soll. Unter Papst Pius VII. wurde im Jahr 1821 der Bogen durch den Architekten Valadier ausgebessert und nach den vorhandenen Anzeichen die verlorenen Theile ergänzt.

28. Das Grabmal der Caecilia Metella.

Von den Grabmälern römischer Familien, die sich an der appischen Strasse erheben, ist das der Caecilia Metella, welches vor dem Thore San Sebastiano liegt, eines der schönsten und am besten erhaltenen. Errichtet wurde es zu Ehren der Caecilia Metella, einer Tochter des Q. Caecilius Metellus Creticus und Gemahlin des Triumvirs Crassus. Das Monument besteht aus einem mit grossen Travertinquadern bekleideten Rundbau von 63 Fuss Durchmesser, der sich auf einem 4eckigen Unterbau erhebt. An der Südseite ist der Eingang in die Gruft. In der runden Grabkammer wurde unter Papst Paul III. (1534–1549) der Marmorsarg mit den Gebeinen der Verstorbenen gefunden und nach dem Palaste Farnese gebracht, auf dessen Hof er noch zu sehen ist.

Im Aeussern bildet das Monument eine imposante Masse. In einer Höhe von 38 Fuss ist dasselbe von einem schönen Fries von Marmor umgeben, der mit einer Reihe von Rinderschädeln geschmückt ist, die durch Guirlanden von Blumen und Früchten verbunden sind, woher das Monument selbst vom Volke heutzutage Capo di Bove (Ochsenkopf) genannt wird. Auf der der appischen Strasse zugekehrten Seite sind kriegerische Trophäen dargestellt, die wahrscheinlich an die Kriegsthaten des Vaters erinnern sollten.

29. Das Grabmal des C. Cestius.

Dieses in Form einer Pyramide in der Nähe der Porta Ostiensis (Porta San Paolo) an der Stadtmauer aufgeführte Grabmal gehört ebenfalls zu den bedeutendsten Denkmälern des alten Rom, und ist das einzige noch völlig erhaltene römische Grab. Die Form der Pyramide entlehnten die Römer von den Aegyptiern und es sollen mehrere dergleichen pyramidale Denkmäler an der via Appia, Flaminia und Salaria gestanden haben. Nach der auf der Pyramide noch vorhandenen Inschrift war hier der Septemvir Epulonum (so hiessen in Rom Beamte, welche die öffentlichen Mahlzeiten bei den Götterfesten anzuordnen und zu beaufsichtigen hatten) C. Cestius, (ein Zeitgenosse Ciceros, Caesars und Agrippas) begraben, und der Bau selbst war in Zeit von 330 Tagen aufgeführt worden. Die Inschrift lautet: C. CESTIUS. L. F. POB(lilia tribu). EPULO. Pr. (Praetor) TR. (Tribunus) PL. (Plebis) VII. VIR. EPULONUM. OPUS. ABSOLUTUM. EX. TESTAMENTO. DIEBUS. CCCXXX. ARBITRATU. PONTI. P. F. (Ponti Filii) CLA. (Claudia Tribu) MELAE. HAEREDIS. ET. POTHI. L. (Liberti). Die Pyramide erhebt sich auf einem $2\frac{1}{2}$ Fuss hohen Sockel von Travertin zu einer Höhe von 215 Fuss, an der Basis misst sie 91 Fuss ins Gevierte und hat dort eine Mauerstärke von 24 Fuss. Der untere Theil derselben war lange Zeit verschüttet, bis Papst Alexander VII. im Jahr 1663 dieselbe bis auf den Boden des alten Rom ausgraben liess. Die jetzt geöffnete Grabkammer misst $16\frac{1}{2}$ Fuss in die Länge, $12\frac{1}{3}$ Fuss in die Breite und $10\frac{2}{3}$ Fuss in die Höhe. Die Decke derselben ist ein Tonnengewölbe und die Wände sind mit Stuck überzogen, der ehedem bemalt war.

Um die Pyramide her liegt jetzt der Kirchhof der Protestanten.

30. Die Engelsburg (Moles Hadriani).

Dieses prächtige Mausoleum errichtete Kaiser Hadrian in den Gärten des Domitian für sich und die Glieder seiner Familie nach seiner Zurückkunft von seiner grossen Rundreise durch die Provinzen des römischen Reichs; es wurde aber, wie eine Inschrift an demselben bezeugt, erst unter seinem Nachfolger Antoninus Pius vollendet (140 n. Chr.). Der runde aus Travertin-Quadern aufgeführte Massenbau, dessen Durchmesser jetzt noch 200 röm. Fuss beträgt, erhob sich auf einem grossen 4eckigen Unterbau ebenfalls aus Travertinquadern von 275 Fuss Seitenlänge, an welchem die Namen der von Hadrian bis auf Caracalla dort begrabenen Kaiser standen. Zu den Zeiten des Kaisers Honorius wurde es durch Schenkelmauern, die es mit der zu derselben führenden Tiberbrücke verbanden, in die Befestigung der Stadt hereingezogen. Nachdem es mehrfache Belagerungen und Eroberungen ausgestanden und endlich von den Römern selbst aus Erbitterung über die unter dem Gegenpapst Clemens VII. von dieser Burg aus erlittenen Drangsale bis auf die Masse des Rundbaus zerstört worden war, liess Papst Bonifacius IX. (1389—1404) die Feste wieder herstellen, die unter Papst Nicolaus V. noch mehr verstärkt wurde. Die gegenwärtig vorhandenen Aussenwerke dagegen rühren erst von Papst Urban VIII. (1623—1644) her. Durch die mancherlei Belagerungen und Zerstörungen, die sie im Laufe der Zeiten erlitt, ist sie äusserlich so von all ihrer ursprünglichen Pracht entblösst, dass man sich kaum einen Begriff von ihrem ehemaligen Zustande machen kann. Von ihrer Basis führte ohne Zweifel eine Treppe zu dem ursprünglichen Eingang des Grabmals, die gerade nach dem Mittelpunkt der Tiberbrücke hin lag. Von der Bekleidung mit parischem Marmor, die nach Procopius das ganze Gebäude überzog, sind kaum noch Spuren vorhanden. Das Mausoleum war ohne Zweifel reich mit Statuen geschmückt, namentlich sollen auf den 4 Ecken desselben 4 Pferde aus vergoldetem Erze gestanden haben. Im Mittelpunkt des Gebäudes befand sich die eigentliche Grabkammer, zu der man mittelst einer unter Papst Alexander VI. angelegten Treppe gelangt. Sie ist viereckig, hält 37 röm. Palmi in's Gevierte und 48⅔ Palmi in der Höhe. Rechts und links sind grosse viereckige Nischen und Bänke zur Aufstellung von Aschengefässen; in der Mitte ist Raum für die Sarcophage. Das Licht erhält die Kammer durch antike, schräg aufgehende Oeffnungen an beiden Seiten des Gewölbes. Auf der Spitze des Gebäudes, das jetzt theils zu Wohnungen für den Kommandanten der kleinen Feste, theils zu Gefängnissen für Staatsgefangene und einen Theil der in Rom zu Zwangsarbeit verurtheilten Galeerensklaven eingerichtet ist, steht ein kolossaler Engel von Bronze, den Papst Benedikt XIV. nach einem Modell des Niederländers Verschaffelt anfertigen liess. Dieser Engel ist dargestellt, das Schwert in die Scheide steckend zur Andeutung des Engels, der Gregor dem Grossen zum Zeichen des Aufhörens der Pest auf diesem Mausoleum erschienen sein soll, und von dieser Sage scheint das Castell den Namen Engelsburg (Castello di San Angelo) erhalten zu haben. Die von Hadrian erbaute und von ihm Pons Aelius benannte Brücke, über die man aus der Engelsburg in die Stadt auf dem linken Tiber-Ufer gelangt, ist mit mehreren Statuen geschmückt, unter denen am Eingang zu derselben die beiden Apostel Petrus und Paulus besonders zu erwähnen sind.

Am Vorabend und am Abend des St. Peters-Tages, am Osterfeste und zuweilen auch zu Ehren fremder fürstlicher Personen wird auf der Engelsburg ein Feuerwerk abgebrannt, das insbesondere durch die sogenannte Girandola (Feuerrad), bei dem 4500, bisweilen doppelt so viele Raketen garbenartig auffliegen und das Bild eines vulkanischen Ausbruchs darstellen, einen grossartigen Eindruck hervorbringt.

31. Die Trajans-Säule.

Diese schönste von allen unzertrümmert auf uns gekommenen Säulen des Alterthums wurde nach der auf ihr befindlichen Inschrift (S. P. Q. R. IMP. CAESARI. DIVI. NERVAE. F. NERVAE. TRAJANO. AUG. GERMANICO. DACICO. PONT. MAX. TRIB. POTEST. XVII. COS. VI. P. P. AD. DECLARANDUM. QUANTAE. ALTITUDINIS. MONS. ET. LOCUS. SIT. EGESTUS. cf. Dio. Cass. 68, 16.) von Senat und Volk zu Rom dem Kaiser M. Ulpius Nerva Trajanus (98—117 n. Chr.) nach seinem Tode errichtet. Die Säule, der dorischen Ordnung angehörig, stand auf dem durch seine Pracht vor allen Foren Roms sich ausgezeichneten Forum des Trajan, das dieser nach den Angaben des Baumeisters Apollodoros aus Damascus hatte erbauen lassen. Sie ist aus 34 grossen Stücken carrarischen Marmors zusammengesetzt, von denen 23 den Schaft bilden. Dieser ist durchaus mit Werken in erhabener Arbeit geschmückt, welche Episoden aus den beiden Kriegen Trajans gegen den Dacier-König Decebalus darstellen. Man zählt allein 2500 etwa 2 Fuss hohe menschliche Figuren in den verschiedensten Stellungen und Beziehungen, ausser einer Unzahl von Pferden, Waffen, Kriegsmaschinen, Feldzeichen und Trophäen, die immer als Meister-Werke der Sculptur betrachtet worden sind, und Malern und Bildhauern zu Modellen gedient haben. Mittelst einer im Innern befindlichen Wendeltreppe steigt man auf 184 durch 45 Oeffnungen erhellten Stufen bis zur Spitze empor, auf der ehemals die vergoldete Bronze-Statue des Kaisers Trajan stand, an deren Stelle Papst Sixtus V., unter dem die Säule restaurirt wurde, ein metallenes Standbild des Apostels Petrus aufstellen liess. Das Piedestal zeigt in wenig erhabener Arbeit zwei Sieges-Göttinnen, aus den Waffen besiegter Barbaren errichtete Trophäen und die Dedications-Inschrift. Die Asche Trajans, die ursprünglich in einer goldenen Urne oben in der Säule aufbewahrt war, ist nunmehr in einer unter derselben befindlichen Grabkammer, deren Eingang aber zugemauert ist, begraben.

32. Die Säule des Antoninus.

Mitten auf der Piazza Colonna erhebt sich diese zu Ehren des Kaisers Marcus Aurelius Antoninus Philosophus (161—180 n. Chr.) errichtete dorische Säule, die im Wesentlichen die Form der Trajans-Säule hat. Sie ist aus 28 horizontal über einander gelegten Blöcken weissen Marmors zusammengesetzt, und in ihrem Innern führt gleichfalls eine Wendeltreppe aus 206 Stufen bestehend und durch 56 Fenster-Oeffnungen erleuchtet, auf die Spitze. Die erhabenen Sculptur-Arbeiten, welche den ganzen Schaft in schneckenförmiger Umschlingung bedecken, sind in künstlerischer Beziehung denen der Trajans-Säule nicht gleichzustellen; indess erkennt man an ihnen eine Nachahmung der letzteren. Sie stellen Gegenstände aus den Kriegen Marc Aurels mit den Marcomannen und Quaden dar; insbesondere erblickt man darauf den Jupiter Pluvius, dem die Römer das Wunder zuschrieben, dass er ihr Heer, als es am Granfluss von den Feinden eingeschlossen war und an völligem Wassermangel litt, durch einen plötzlichen Gewitterregen gerettet habe (cf. Dio Cass. 71, 9). (Nach der christlichen Legende war es eine aus Christen bestehende Legion im Heer des Kaisers, die durch ihr Gebet ein Gewitter bewirkte, wodurch die Feinde in Unordnung geriethen, und woher nach Einigen die Bezeichnung legio fulminatrix entstanden sein soll; diess ist jedoch unrichtig, da schon zu der Zeit Augusts, jedenfalls nachweislich zu Nero's Zeit die XII. Legion diesen Beinamen führte.) Die Säule hat eine Höhe von 128½ Fuss, wovon 69 auf den Schaft kommen. Das Postament steckt zum Theil in der Erde. Papst Sixtus V. liess die Säule im Jahr 1589 durch den Baumeister Domenico Fontana restauriren und weihte sie dem Apostel Paulus, dessen eherne Bildsäule nach dem Modell des Tommaso della Porta jetzt an der Stelle der Statue Marc Aurels steht. Aus der Zeit Sixtus V. sind die Inschriften des Postaments, nach welchen die Säule irrigerweise für ein Ehrendenkmal Antonins des Frommen erklärt wird.

33. Das Theater des Marcellus.

Hart am Fusse des Tarpejischen Felsen auf der Piazza Montanara liegen die Reste dieses von Caesar begonnenen, von August vollendeten und dem Marcellus, dem früh verstorbenen (23 n. Chr.) Sohne seiner Halbschwester Octavia gewidmeten Theaters, bei dessen Einweihung im Jahr 741 d. St. 700 wilde Thiere erlegt worden sein sollen. Es hatte für den zu 20,000 Personen berechneten Zuschauer-Raum die Form des Halbkreises, war in 3 (nach andern in 4) Stockwerken und in so vollkommenem Style erbaut, dass spätere Architekten es zum Muster nahmen, insbesondere, wie sie Säulenhallen von jonischer und dorischer Ordnung mit einander verbinden wollten. Sein Durchmesser betrug 267 Fuss. Von der äusseren Halle stehen noch mehrere, aber stark vom Feuer beschädigte Arkaden des ersten und zweiten Stockwerks. Die Pfeiler des ersten Stockes sind mit Halb-Säulen dorischer, die des zweiten mit solchen jonischer Ordnung geschmückt. Die Arcaden des oberen Stockes sind jetzt zugemauert, die des unteren bis zur Hälfte verschüttet, dienen als Verkaufs-Locale. Die äussere Mauer ist aus grossen Travertinblöcken errichtet, die Gewölbe, auf dem sich die Sitze erhoben, sowie die Treppen waren in Netzwerk (opus reticulatum) ausgeführt (cf. Dio Cass. 43. 49. Suet. Caes. 44 und Vesp. 13.) Im Mittelalter liessen es die Pierleoni in eine kleine Feste umschaffen und von ihnen ging es in die Hände der Savelli über, die es nach dem Plane des Architekten Balthasar Peruzzi in einen grossen Palast umschufen, der jetzt im Besitze der Familie Orsini ist.

34. Der Janus quadrifrons.

Nahe bei der Kirche San Giorgio in Velabro erhebt sich auf dem alten Forum Boarium der auf unserer Tafel abgebildete Janus quadrifrons (arco di Giano), ein aus Quadern von griechischem Marmor aufgeführtes, ein gleichseitiges Viereck bildendes Gebäude auf 4 gewaltigen Pfeilern, die ebensoviele Durchgänge bildeten. Es ist dies der einzige noch erhaltene von jenen Bögen, welche die Römer auf Kreuzstrassen und Foren für die Kaufleute und Wechsler zum Schutz gegen Regen und Sonne errichteten. Nachdem er lange Zeit halb verschüttet gelegen hatte, wurde er im Jahr 1810 wieder vollständig ausgegraben und im Jahr 1829 auch von den Anbauten befreit, welche im 13. Jahrhundert die Frangipani's hatten errichten lassen, als sie den Janus-Bogen zu einem Bollwerk innerhalb der Stadt umgeschaffen hatten. An jeder Seite des Bogens befinden sich zu beiden Seiten des Durchgangs je 12 kleine Nischen in 2 Reihen übereinander, zwischen denen ein jetzt grösstentheils zerstörtes Gesims um das ganze Gebäude herumläuft. Acht derselben auf der östlichen und ebensoviele auf der westlichen Seite sind maskirt, eine andere an der Westseite dient zum Eingang in's Innere, zu dem man mittelst einer Leiter gelangt. Von hier aus führt eine unbequeme Treppe zu einem oberen Gemache, worin man das Tabularium oder die Wechslerstube der Kaufleute vermuthet hat. Die schlechte Bauart und die Fragmente von andern Gebäuden, aus denen zum Theil die Gesimse bestehen, lassen das Monument als ein Werk etwa des 3. Jahrhunderts n. Chr. aus den Zeiten der Kaiser Severus und Caracalla erscheinen.

Dieses Gebäude ist übrigens wohl zu unterscheiden von dem Tempel des Janus, welchem Gotte jene Bögen keineswegs geweiht waren. Es scheint ihrer in Rom überhaupt viele gegeben zu haben, und namentlich müssen von Domitian deren mehrere errichtet worden sein, wie denn Sueton (Domit. 13.) von ihm erwähnt: Janos et arcus cum quadrigis et insignibus triumphorum tot exstruxit, ut cuidam Graece sit inscriptum: ἀρκεῖ.

Alterthums, das durch seine kühne Grösse Zeugniss gibt von der patriotischen Sinnesart, aus der es hervorging, ist ein Gewölbe von 12 Fuss Höhe und ebensoviel Breite aus 3 Schichten grosser Gabinischer Tuffsteine mit dazwischen eingelassenen Travertin-Blöcken bestehend, die ohne alle Binde-Mittel, bloss durch Berechnung des Gewichts und Gegengewichts, des Drucks und Gegendrucks meisterhaft verbunden sind. Zum Bau verwendete Tarquinius ohne Zweifel etrurische Baumeister; um aber ein unterirdisches Werk von solch kolossalen Dimensionen auszuführen, bedurfte es nicht bloss hinreichender Arme, sondern auch einer inneren Kraft, die bei dem damaligen kleinen Umfang und der verhältnissmässig schwachen Bevölkerung des römischen Gebiets doppelt die Bewunderung der Nachwelt erregen muss. Schon Dionys von Halicarnass, Strabo und Plinius führten darum neben den Wasserleitungen und Kunststrassen der Römer jenen Abzugs-Kanal als ein Bauwerk auf, welches die Ueberlegenheit des römischen Volkes über alle andern, selbst die civilisirtesten Völker der alten Welt darthue. So dauerhaft und sicher war diess Werk angelegt, dass nachdem der ältere Cato schon früher einmal die Reinigung der Cloaken hatte vornehmen lassen, erst Augustus Freund und Schwiegersohn M. Vipsanius Agrippa es für nöthig fand, die cloaca maxima gründlich reinigen, und das ganze Werk, wo es beschädigt war, ausbessern und erweitern zu lassen. Nach Vollendung dieses gemeinnützigen Unternehmens, dessen Kosten sich auf 1000 Talente beliefen, fuhr Agrippa wie im Triumphe in die grosse Oeffnung ein, unter dem unterhöhlten Theile der Stadt weg und unter dem Jubel der am Flussufer harrenden Volksmenge aus der grossen Mündung in den Tiber hinaus.

36. Das Forum des Nerva.

Das von Kaiser Domitian unmittelbar neben dem Forum Augusts erbaute Forum erhielt später den Namen Forum des Nerva, weil es von diesem Kaiser vergrössert und vollendet wurde. Es führte auch den Namen Forum transitorium, weil es den Verkehr zwischen der untern Stadt und dem Quirinal, Viminal und Esquilin vermittelte. Trajan erbaute darin zu Ehren seines Adoptiv-Vaters Nerva denselben einen Tempel. Die Construction einer grossen aus Peperinquadern construirten Mauer, an die sich das Nerva-Forum anlehnt, harmonirt so wenig mit den übrigen Gebäuden desselben, dass man annimmt, dieselbe habe schon lange vorher bestanden und sei von Nerva nur benützt worden, um die Gebäude seines Forums daran anzuschliessen. Von dem letztern sind ausser einem grösseren Mauer-Rest hauptsächlich noch 2 vorspringende Säulen vorhanden, die, wie man glaubt, zu der Halle gehörten, die sich zu beiden Seiten der Einfriedigung des Forums befand. Diese Säulen aus carrarischem Marmor, der korinthischen Ordnung angehörig, vom Volk le colonnacce genannt, sind grossentheils in die Erde vergraben und zeigen an ihren Gesimsen architektonische Verzierungen von vorzüglicher Ausführung; sie sind cannelirt, haben, soweit sie aus dem Boden hervorragen, eine Höhe von 42 Fuss und halten 9½ Fuss im Umfang. Die kleinen, in halberhabener Arbeit ausgeführten Figuren des Frieses, welche die unter dem Schutze der Minerva stehenden Künste darstellen, sind trefflich gearbeitet, aber leider äusserst verstümmelt. Besser erhalten ist die in der Attica über dem Säulen-Gebälk stehende Figur der Göttin Minerva, der auch das ganze Forum geweiht war, wesshalb dasselbe bei den Antiquaren jetzt gewöhnlich Foro Palladio heisst.

37. Das Nympheum der Egeria bei Rom.

Unter einem Nymphenm (*νυμφαῖα*) verstanden die Griechen und Römer Grotten, in welchen heilige Quellen entsprangen und welche sie sich als Wohnplätze der Quell-Nymphen dachten. So lässt schon Homer die Nymphe Calypso in einer Grotte auf der Insel Ogygia wohnen. Anfangs mochten wohl jene Grotten in ihrem ursprünglichen natürlichen Zustande belassen worden sein; allmählig aber wurden dieselben durch Aushöhlung erweitert, die Felswände behauen, mit Nischen versehen, und mit Reliefs, Götterstatuen und Inschriften geschmückt. Im römischen Staate hatten die Nympheen eine religiöse Bedeutung, und man glaubte, dass darin die Gottheit wie in einem Heiligthum sich den Menschen offenbare. Bekannt ist die Sage, nach welcher König Numa die Grotte der Nymphe Egeria besuchte, um mit dieser sich über Staats-Angelegenheiten zu unterhalten, und von ihr Belehrungen und Weisungen entgegenzunehmen. Diese Grotte wurde wohl zur Erinnerung an Numa schon zur Zeit der Republik mit architektonischen Ausschmückungen versehen, und glich wahrscheinlich in ihrer Hauptordnung denjenigen Nympheen, von denen noch Reste auf uns gekommen sind. Das auf unserer Tafel abgebildete Nympheum, das den Namen »der Grotte der Egeria« trägt, und mit dem vorigen nicht identisch ist, liegt in der Nähe von Rom in einem Thale vor dem Capenischen Thore, jetzt Valle Cafarella genannt, das von dem Almone (Almo) durchflossen wird. Dasselbe scheint aus der Kaiserzeit herzustammen, nach einigen aus der Zeit Vespasians. Von demselben existirt nur noch der hintere Theil, dessen Mauerwerk ein sogenannter Netz-Bau (opus reticulatum) ist. Es besteht aus einem grossen Saal mit einem Tonnen-Gewölbe; in den Wänden sind noch 11 Nischen zu sehen, die ursprünglich aus weissem Marmor waren; an den Wänden liefen Gesimse von rothem Marmor herum. Der Fussboden ist mit Serpentinplatten belegt. In der Hinterwand befindet sich eine Nische, in der man eine männliche Statue ohne Kopf sieht, und die vielleicht den Genius des nahen Almo-Flüsschens vorstellt, dessen Wasser durch das der Quelle vermehrt wird. Von den vielen im Innern von Rom früher vorhanden gewesenen Nympheen existiren nur noch unbedeutende Reste.

38. Der Vesta-Tempel in Tivoli.

Unter den vielfachen Ueberresten von alten Tempeln, Gräbern, Palästen und Villen in Tivoli, (dem alten von Dichtern so vielfach besungenen, 3½ Meilen nordöstlich von Rom gelegenen Tibur.) zeichnet sich auf dem höchsten Punkte der Stadt ein nahe bei dem ersten Falle des Teverone (Anio) gelegenes Rund-Gebäude aus, über dessen ursprüngliche Bestimmung die verschiedensten Meinungen aufgestellt worden sind. Die Einen glaubten, der Tempel sei dem Gründer Tiburs, dem mythischen Tiburnus geweiht gewesen, andere hielten ihn für ein Grabmal des L. Gellius, weil sich auf demselben die Inschrift L. Gellio L. F. (s. u.) findet, wieder andere hielten ihn für einen Tempel der Sibylla Albunea, welche die sogenannten sibyllinischen Bücher nach Rom gebracht haben soll, andere fanden darin ein Heiligthum des Hercules, des Schutzgottes der Stadt. Richtiger werden wir ihn als der Vesta geweiht bezeichnen, deren Tempel ja in der Gestalt einer Rotunde erbaut sein mussten. Der Tempel, dessen Grundriss einen vollkommenen Kreis bildet, steht auf einem Felsen aus Muschelkalk, der bei den alten lapis Tiburtinus, (jetzt travertino) heisst. An der Seite, wo der Anio sich in Cascaden in das tiefe Thal hinabzustürzen beginnt, erbauten die Römer 2 Stockwerke Arcaden, die mit Mauerwerk ausgefüllt sind. Diese Substructionen sollten einestheils den Felsen stützen, anderntheils den Platz vor dem Tempel erweitern. Die Cella des Tempels ist von einer durch 18 Säulen gebildeten Säulenhalle umgeben. Von der zur Gallerie und zur Cella führenden Treppe sind noch Spuren vorhanden. Das Innere war durch 2 Fenster erhellt, von denen sich noch eins erhalten hat. Die Dimensionen des Gebäudes sind klein, die Höhe bis zum Kranz des Gebälkes der Säulenhalle beträgt nur 11⅓ Mètres = 35 Fuss 1⅓ Zoll rhein. Die Säulenbasen sind die sogen. attischen, die Capitäle derselben haben 2 Reihen eigenthümlich gekräuselter Blätter, wie man sie häufig an pompejanischen Capitälen findet. Der Fries ist mit Sculpturen in Hautrelief verziert; Stierköpfe, mit Binden wie zum Opfer festlich geschmückt, sind durch Guirlanden, Blumen und Früchte mit einander verbunden, über den Guirlanden sieht man Opferkuchen in der Form von Rosen und Pateren.

Die Ruine macht in Mitten immergrüner Berge und schäumender Wasserfälle einen höchst malerischen Eindruck; der Unterbau erhebt den Tempel genugsam, um seine schönen Verhältnisse von allen Seiten wahrnehmen zu lassen. Das Interesse erhöht noch die griechische Physiognomie seiner Formen und die Zeit seiner Erbauung gegen das Ende der Republik. Visconti hat wohl nicht Unrecht, wenn er die oben erwähnte Inschrift ergänzt: Aedem. Vestae. S(enatus). P(opulusque). T(iburtinus). Pecunia. Publica. restituit. curatore. L. Gellio. L. F. und somit den L. Gellius der im Jahr 72 v. Chr. (682 nach Erb. d. St.) Consul und später Proconsul in Griechenland war, als Erbauer des Tempels annimmt, wozu er sich griechischer Architekten bedient haben mag.

39. Pompeji.

Hart an der Mündung des Sarnus-Flusses am Cumanischen Busen im südlichen Campanien (Campania Felix) lag beinahe 1700 Jahre lang unter Schutt und Asche begraben die Stadt Pompeji, die, was die Lieblichkeit ihrer Lage anbelangt, sich wohl mit ihrer Nachbarin Neapel messen konnte. Noch heute ist die Aussicht von den höheren Punkten der Stadt, vom Podium des Jupiter-Tempels, von dem Steinsitze auf dem Forum triangulare und von den oberen Sitzreihen des Theaters und Amphitheaters ein überaus entzückender. Diese nach Seneca's Angabe (Sen. H. N. 6, 1.) durch blühenden Handel berühmte und wohlhabende Stadt tritt uns zuerst im Jahr 310 v. Chr. Geb. in der Geschichte entgegen, nachdem sie wohl schon Jahrhunderte lang vorher gestanden hatte. Wenigstens lassen die Stadtmauern und die Ruinen des Herkules-Tempels schliessen, dass ihre Erbauung in die Zeit der Tempelbauten von Selinus und Paestum, also in's 7. Jahrhundert v. Chr. fällt. Nachdem Pompeji lange Zeit seine Unabhängigkeit erhalten, musste es endlich ebenfalls sich unter das Joch der Römerherrschaft beugen, und wohl seiner herrlichen Lage hatte es die Stadt zu danken, dass allmählig nicht wenige bedeutende Männer Roms sich dort ansiedelten, oder ihren Sommeraufenthalt daselbst nahmen. So wissen wir von Cicero, dass er sich einen Landsitz in Pompeji kaufte, dass Augustus römische Ansiedler dorthin schickte, und dass auch der Kaiser Claudius eine eigene Villa daselbst hatte. Ausser diesen hatten aber auch Senatoren und Männer minder bedeutenden Ranges dort ihren zeitweiligen Aufenthalt. So wurde Pompeji nach und nach ein Klein-Rom (parva Romae imago) und stand mit seinem grossen Vorbild in durchaus freundlichem Verhältniss. — Im Jahr 63 n. Chr. brach am 5. Februar das erste grosse Unglück, der Vorläufer des spätern, über die Stadt herein. Der nur ⅔ Meilen davon entfernt gelegene Vesuv, der viele Jahrhunderte lang geschlummert hatte, und den man für erloschen hielt, fing an, sich in seinen Tiefen zu regen und ein furchtbares Erdbeben richtete in allen um ihn her liegenden Ortschaften Neapel, Herculaneum, Nuceria und besonders in Pompeji entsetzliche Verwüstungen an. Der Schaden soll in Pompeji so gross gewesen sein, dass man sich in Rom darüber berieth, ob man Pompeji wieder aufbauen oder befehlen solle, dass die Einwohner die Unglücksstätte für immer verlies-sen. Als der Neubau gestattet worden war, ging derselbe wunderbar rasch vor sich. Kaum aber hatte sich die Stadt zu neuem Glanze erhoben, als am 24. August des Jahres 79 n. Chr., während eben das Theater von einer schaulustigen Volksmenge angefüllt war, ein so furchtbarer Ausbruch des Vesuv erfolgte, dass er Pompeji und die benachbarten Städte Herculaneum und Stabiae vollständig verschüttete. Da verhältnissmässig wenige Gerippe durch die Ausgrabungen gefunden worden sind, so ist wohl anzunehmen, dass die meisten Einwohner gleich beim Beginn des Erdbebens sich aus der Stadt geflüchtet und so gerettet hatten. Bis zum Jahr 1748 blieb Pompeji fast ganz vergessen. Erst in diesem Jahre stiessen Bauern beim Umgraben eines Weinbergs auf altes Gemäuer, und machten, weiter grabend, nicht unerhebliche Funde an werthvollen Gegenständen. Diess veranlasste den König Karl von Neapel grössere Nachgrabungen anstellen zu lassen; es wurde ein Quartier um's andere blossgelegt, und so bietet sich uns jetzt das ganze Bild einer alten griechisch-italischen Stadt dar. Der Lauf der Mauer ist genau bestimmt. Sie hatte 6 Thore. Die Strassen, deren man bis jetzt etliche 20 aufgegraben hat, sind gerade, aber schmal, mit Lava gepflastert und haben erhöhte Trottoirs. Mehrere Tempel, wie der des Jupiter, des Mercur, des Aesculap, des Hercules, der Fortuna und der Isis, ein grösseres und ein kleineres Theater, auch nicht wenige umfangreiche Privatgebäude schmückten die Stadt. Die meisten Häuser haben nur ein Stockwerk, und in den unteren Geschossen fanden sich Läden von Kaufleuten und Handwerkern. In vielen Häusern fanden sich Fresko-Gemälde und Mosaik-Arbeiten von grosser Schönheit, die jetzt unsern Künstlern und Handwerkern zum Muster dienen. Hausgeräthe aller Art, Schmucksachen u. dgl., die man in grossen Massen in den Häusern aufgefunden, geben ein getreues Bild des Privatlebens ihrer Bewohner. Auch der Hafen von Pompeji ist wieder entdeckt, und man will noch Schiffe auf der Seite liegend und mit vulkanischen Massen umgeben darin gefunden haben. An den Monumenten, die ausgegraben worden, sind hie und da Ausbesserungen wahrzunehmen, die vielleicht nach dem ersten Erdbeben im Jahr 63 an ihnen vorgenommen wurden. — Besondere Beachtung unter den ausgegrabenen Theilen der Stadt verdienen die alte Hauptstrasse von Neapel über Herculaneum, die sogenannte Gräberstrasse, die nach dem Herculaner-Thore führt, die Villa des M. Arrius Diomedes, die Fora, die Bäder, der Fortuna-Tempel, das grosse Theater und neben demselben die Gladiatoren-Kaserne, das kleine Theater oder Odeum, endlich in der südöstlichen Ecke der Stadt das Amphitheater. (cf. Overbeck Pompeji. Mazois, les ruines de Pompeji. W. Gell and John Gandy Pompejana. W. Zahn, die schönsten Gemälde und Ornamente von Pompeji. Roux und Barre Sammlung der in Pompeji ausgegrabenen Malereien, Mosaike und Bronzen u. a.)

40. Straße und Stadt-Mauer in Pompeji.

Von allen Bauwerken einer Stadt sind es gewöhnlich ihre Umfassungs-Mauern, die durch die Festigkeit, welche man ihnen gab, den zerstörenden Einflüssen der Zeit den kräftigsten Widerstand geleistet und oft viele Jahrhunderte überdauert haben. Die Mauern Pompeji's, die durch ihre plötzliche Verschüttung fast 1700 Jahre den Augen der Welt entzogen waren, gehören eben hiedurch zu den verhältnissmässig besterhaltenen und interessantesten unter allen Stadt-Mauern der alten Zeit, von deren Construction sie uns noch ein ganz deutliches Bild geben können. Der erste Bau dieser Mauern scheint aus der Zeit der Osser oder doch der ersten griechischen Colonisten herzustammen. Zur Zeit des Bundes-Genossen-Kriegs wurde die Befestigung der Stadt vermehrt, auf Sulla's Befehl aber die Ringmauer wieder zerstört, die erst später wieder während der Bürgerkriege zwischen Pompejus und Caesar auf's Neue in Vertheidigungsstand gesetzt und mit Thürmen befestigt wurde. Diese Ringmauer umschliesst Pompeji in einem ovalen Ring ohne vorspringende Ecken ganz nach den von Vitruv aufgestellten Regeln. Sie besteht aus einer Erdausschüttung zwischen zwei Mauern, deren äussere nach dem Feld zu liegende beinahe 26 Fuss hoch und mit sanfter Böschung versehen ist. Sie ruht auf einem Fundament von 4–5 Schichten Höhe. Die innere Mauer ist an der Nord- und Ostseite der Stadt um 8 Fuss höher als die äussere und bildet so den agger über dem Wall. Nach der Stadtseite war diese Mauer mit vielen Verstärkungs-Pfeilern versehen. Die Dicke des Walles betrug mit Einschluss der beiden Bekleidungs-Mauern 14½ Fuss. Sechs Thore, die etwas hinter der äusseren Wallmauer zurückgezogen lagen, um eine feindliche Annäherung schwieriger zu machen, bilden noch heute die Eingänge der Stadt. Einige von ihnen bestehen aus einer einfachen Bogenöffnung, andere haben noch kleine Thüren für Fussgänger zur Seite. Auf dem noch erhaltenen Theil der Ringmauer befinden sich 12 viereckige Thürme von 25½ Fuss Breite und 30 Fuss Tiefe, die von der Mauer um 7 Fuss vorspringen. Sie enthalten 3 Stockwerke: im untersten befindet sich eine kleine Ausfallpforte; das mittelste hatte Schiessscharten zur Vertheidigung, und das dritte, das mit der Wallkrone auf gleichem Niveau lag, hatte Ausgänge nach den zwischen den Thürmen liegenden Wällen. Das dritte Stockwerk war mit einem Gewölbe überdeckt, auf dem sich eine Plattform befand, zu der man mittelst einer durch alle Stockwerke laufenden breiten und sanftansteigenden Treppe gelangte. Sämmtliche Mauern und Thürme des Walls waren mit Zinnen gekrönt.

Der ganze Bau ist aus grossen Hausteinen von Travertin und Peperin ohne Mörtel gefertigt. Die Basis der inneren Mauer zeigt eine Bauweise aus hohem Alterthum, wie sie nur an altgriechischen Mauern sich findet und merkwürdigerweise enthalten die meisten Steine schon Steinmetzzeichen, wie wir ihnen namentlich im Mittelalter wieder begegnen. Zur Zeit der Republik muss diese Stadtmauer, die freilich jetzt kaum vor einem Handstreich schützen würde, stark genug gewesen sein, um eine förmliche Belagerung auszuhalten. Wir geben auf unserer Tafel 40 eine Restauration derselben und der an ihrer Aussenseite hinlaufenden wohlgepflasterten Strasse, welche in die auf ein Hauptthor sich hinziehende sogenannte Gräberstrasse einmündet.

in denen sich dasselbe abklären sollte. Die Leitungen waren genau nivellirt, und zwar so, dass sie auf 100 Fuss ¼ Fuss Gefäll hatten. In Rom angekommen wurde das Wasser in grossen Behältern oder Wasserthürmen (castella, dividicula) gesammelt und mittelst bleierner Röhren (fistulae) in die verschiedenen Quartiere der Stadt geleitet. Die Oberaufsicht über die Wasserleitungen und Brunnen hatten zur Zeit der Republik die Aedilen. Unter Augustus wurde ein eigener Beamter als curator aquarum aufgestellt, der eine grosse Anzahl von (gegen 800) Unteraufsehern und Arbeitern (aquarii) unter sich hatte. Man zählte in Rom 9 grössere Aqueducte. Ihre Namen hatten sie theils von ihren Erbauern, theils von Orten, woher sie kamen, oder andern Zufälligkeiten. Dieselben waren: 1) Aqua Appia, 11,190 Schritte = 2⅓ Meilen lang, im Jahr 442 n. Erb. d. St. vom Censor Appius Claudius erbaut; 2) Aqua Marcia, um's Jahr 144 v. Chr. von Q. Marcius Rex begonnen, 61,710 Schr. lang, worunter 6935 Schr. auf Bögen geführt; 3) Aqua Tepula, 126 v. Chr. von den Censoren Cn. Servilius Caepio und L. Cassius Longinus erbaut, 11,000 Schr. l.; 4) Aqua Julia, unter Augustus durch Agrippa um's Jahr 34 v. Chr. erbaut, 5) Aqua virgo (so genannt, weil eine Jungfrau die Quelle gefunden haben soll), grossentheils unter der Erde nach Rom geführt, 14,105 Schr. l.; 6) Aqua alsietina sive Augusta, 22,171 Schr. l. (auf dem rechten Tiber-Ufer nach dem Janiculum und in die Naumachia Augusti geleitet); 7) Aqua Claudia (deren Wasser nächst der Marcia für das beste in Rom galt), 46,406 Schr. l., wovon 9567 opere arcuato, von Caligula begonnen und von Claudius ausgeführt. 8) Anio vetus, eine der ältesten römischen Wasserleitungen, von dem im Kriege mit Pyrrhus genommenen Gelde angelegt, mit trübem und schlechtem Wasser, 8 geogr. Meilen lang. Noch länger war 9) Anio novus, der auf den höchsten oft 109 Fuss hohen Bögen von Tibur her nach Rom geführt wurde und die höchsten Stadttheile mit Wasser versah. Zu diesen kamen in späteren Zeiten noch gegen 10 Leitungen, worunter die Aqua Trajana, die Aqua Ciminia und Aqua Alexandrina und die von Diocletian hergestellte Aqua Jovia zu den bedeutendsten zählten.

Aber nicht bloss in Rom, sondern überall wo sich die Herrschaft der Römer ausbreitete, legten dieselben derartige Wasserleitungen an. Alle aus jenen Zeiten erhaltenen Aqueducte übertrifft an Pracht und Grösse der unter dem Namen Pont du Gard, 2⅓ deutsche Meilen von Nimes an der von da nach Avignon führenden Strasse befindliche, der wegen der Umwege, die man machen musste, um das nöthige Gefäll zu erhalten, eine Länge von 3⅓ deutschen Meilen hatte. Von einigen wird seine Erbauung dem Agrippa, dem »perpetuus aquarum curator« zugeschrieben, nach andern erst dem Kaiser Hadrian. Der Aqueduct hat 3 Stockwerke, das unterste derselbe wird durch 6 Bogen, das zweite durch 11 und das dritte durch 35 Bogen gebildet. An den höchsten Stellen ist das Bauwerk 188 Fuss = 59 Meters hoch. Der Bau ist aus grossen Bruchsteinquadern, die weder durch Mörtel, noch Cement verbunden sind, ausgeführt. (cf. A. Becker, Handbuch I. S. 701 ff. Kugler, Gesch. d. Baukunst I. S. 284. 299. 306. 315 u. a. Annali del Instituto X. Tav. 12. L. Canina: Storia dell' architettura romana. T. CLXVI ff.)

42. 43. 44. Das Haus

a) Im Grundriss.

Eine genaue Beschreibung des römischen Hauses und seiner inneren Einrichtung haben uns die alten Schriftsteller nicht überliefert; die Hauptquellen, aus denen man einiges darüber erfährt, sind Vitruv (de archit. VI, 3.) und Plinius (Epp. II, 17. und V, 6.). Dagegen zeigen uns die Ausgrabungen in Pompeji und Herculaneum wohlerhaltene Wohnungen, die im Ganzen wohl ebenso construirt waren, wie die römischen. Sämmtliche dort aufgegrabene Häuser zeigen fast durchweg die gleiche Anlage und Einrichtung der Haupttheile. Diese Theile sind:

1) Das Vestibulum, (a) ein unbedachter, freier Platz, der häufig einen Einschnitt in die Vorderfronte des Hauses bildete, nach der Strasse hin offen, oben bald bedeckt, bald unbedeckt war, und zuweilen mit einer nach innen sich öffnenden Thüre verschlossen werden konnte. Bei kleineren Häusern fehlt es oft ganz, während es an Prachtgebäuden der Reichen oft zur geräumigen mit Kunstwerken geschmückten Säulenhalle wurde.

2) Das Ostium (b) die Hausflur, durch die Janua geschlossen, in der Mitte des Hauses mit 2 Schwellen, auf deren unterer oft in Mosaik der Bewillkommnungsgruss »Salve« oder die Inschrift »cave canem« mit dem Bilde eines anspringenden Hundes (siehe Taf. 46.) ausgeführt war. Die Thürflügel, die in den von Marmor oder künstlich geschnitztem Holz gefertigten Pfosten hingen, waren oft mit Schildplatt oder mit Elfenbein verziert. Hinter oder an den Seiten der Thüre befand sich die Cella des Thürhüters (Ostiarius, Janitor), neben der oft der Haushund angekettet war. Der Hausthüre gegenüber befand sich die Janua interior, die in's Atrium führte.

3) Das Atrium (c), auch Cavaedium (Cavum

aedium) genannt, ein längliches Viereck mit einer Oeffnung in der Mitte des Daches, durch welche das Licht einfiel, und unter welchem das Impluvium s. Compluvium d lag, ein Bassin, in dem das Regenwasser sich sammelte, und das in vornehmen Häusern mit Statuen, Gebüsch und Bäumen umgeben war. Ueber die Oeffnung des Impluvium war oft ein buntes Zelt ausgespannt, um die einfallenden Sonnenstrahlen zu brechen. Das Atrium war der Hauptaufenthaltsort der Familie, wo zugleich in früheren Zeiten der Opferaltar und der Feuerherd zum Kochen stand; daher auch der Name atrium selbst, d. h. der durch Rauch geschwärzte Raum. Hier empfing der Patron seinen Klienten, hier hielt auch die Matrone mit ihren Mägden sich auf. In späteren Zeiten war das Atrium nur noch Prunk- oder Empfangsaal und Frauen und Kinder waren in andere Räume verwiesen. Rechts und links vom Impluvium befanden sich die Schlafzimmer (cubicula) e, auf den beiden andern Seiten die Alae f, Hallen, in denen der Hausaltar, die Statuen der Laren (der Geister der abgeschiedenen Ahnen) und der Penaten (der Geister des Hauses, eigentl. Hüter der Vorrathskammer, penum) und die Ahnen-Bilder (imagines) standen. Der Thür gegenüber befand sich das Tablinum (Tabulinum) g, das Archiv und Arbeitszimmer des Hausherrn, daneben der oecus quadratus h, das Wohnzimmer der Hausfrau. Auf beiden Seiten des Tablinum werden die Fauces i angenommen, d. h. die bedeckten Durchgänge aus dem Atrium in's Peristylium. Ein Bild dieser Räume gibt uns die auf Tafel 44 abgebildete Restauration des Saales im sogenannten Hause des Sallust in Pompeji. 4) Das Peristylium k, mit dem das Hinterhaus beginnt, war eine bedeckte, viereckige Säulenstellung, die um einen grösseren unbedeckten Raum (area) l herlief, welcher gewöhnlich mit Bäumen bepflanzt war, und in dessen Mitte ein Wasserbehälter (piscina) m oder ein Springbrunnen sich befand. Von ihm aus führten zuweilen Seiten- oder Hinterthüren (Posticu) n auf Nebenstrassen. Um das Peristylium lagen auf einer oder mehreren Seiten Schlafzimmer (cubicula) oder kleinere Speisezimmer (Triclinia) o, grössere Säle (Oeci) p, Conversations-Zimmer (Exedrae) q, Bilder- und Büchersäle (Pinacothecae, Bibliothecae) r, die Wirthschafts-Räume (culinae), die Bade-Gemächer (Balnea) s und die Arbeits-Säle (Ergastula) t für die Sclaven. In manchen Häusern befand sich ein zweites und drittes Peristyl und hinter demselben noch ein Hausgarten (viridarium) u. Das untere Stockwerk bildete das Hauptgebäude und diente zur eigentlichen Wohnung. Die oberen Gelasse, zu denen von unten verschiedene Treppen, zuweilen von der Strasse aus, führten, waren niedriger als die untere, und gegen die Strasse zu mit Fenstern (Specularia) versehen, die sich in den untern Stockwerken selten vorfanden. Auch Gärten auf den Dächern (Solaria) gab es. Mit dem Hauptgebäude standen oft noch Neben-Gebäude, die mit mehreren Stockwerken versehen, zum Vermiethen bestimmt waren und Insulae hiessen, in Verbindung. Die oberen Wohnungen waren die wohlfeilsten, meist von ärmeren Leuten bewohnt, die daher insulares hiessen; doch gab es auch im Parterre Miethwohnungen, wie auf unserer Tafel A, B, C. Unter dem Hause befanden sich die Keller (hypogea concamerata).

Die Dächer der Häuser waren flach oder schräge mit Ziegeln oder auch Metallplatten bedeckt. Der Fussboden war entweder blosser Estrich (pavimentum) oder mit Backsteinen oder verschiedenfarbigen Marmorplatten belegt, oder aus Mosaik (Musivum opus), die Wände, nur in älteren Zeiten geweisst, wurden später mit Marmor belegt oder bemalt, sowohl auf nassem Kalk (al fresco) als auch auf trockenem Grund mit Leimfarben (a tempera). Die Zimmerdecken waren getäfelt und erhielten mancherlei Schmuck, sogar in Gold und Elfenbein. Die Fensteröffnungen waren anfangs nur mit Läden, Vorhängen oder Gittern versehen; zur Kaiserzeit bediente man sich des Marienglases (Lapis specularis) oder wirklicher Glastafeln. Als Thüren dienten häufig nur Teppiche. Die Erwärmung der Zimmer geschah durch eherne Kohlenbecken, tragbare Oefen und Hippokausten, aus denen man durch verschliessbare Oeffnungen die Wärme in die Zimmer leitete. Beleuchtet wurden die Zimmer durch Lampen aus Erz oder Thon, oder Kandelaber (ein- oder mehrarmige, oft sehr hohe, gewöhnlich aus Bronze gefertigte Kerzenträger s. Taf. 48.).

Der auf unserer Tafel abgebildete Grundriss gehört dem sogen. Hause des Aedilen Pansa in Pompeji an, und derselbe stellt die charakteristischen Räumlichkeiten am vollständigsten dar. Es lag mit seiner Vorderseite an der Strasse der Fortuna, den Thermen gegenüber, nahm aber ein ganzes Quartier zwischen 4 Strassen, eine sogenannte Insula, ein. Die den Strassen zugekehrten Gemächer x x x waren als Verkaufsläden für Kaufleute und Handwerker eingerichtet, deren Inhaber zum Theil im Hause selbst gewohnt zu haben scheinen. An der Hinterseite des Hauses lief in der ganzen Breite desselben eine geräumige Halle y y y hin, die sich im obern Stockwerk wiederholte und Schutz gegen Regen und Sonnenschein gewährte. Der Garten u war durch Trottoire, die man unter der Asche deutlich wiederfand, in Beete getheilt und (ebenfalls aufgefundene) kleinere Röhren leiteten das zu seiner Bewässerung nöthige Wasser herbei.

b) von Aussen.

Die auf Tafel 38 abgebildete Aussenansicht zweier antiken Häuser stellt die in den Jahren 1828 bis 1838 in Herculaneum ausgegrabenen Häuser, die den Namen des Perseus und der Medea und der Argo und Jo führen, nach Zahn's Restauration dar. Beim Ausgraben derselben existirten noch die obern Etagen, die man eine Zeitlang durch Stützen zu erhalten suchte. Jetzt sind, mit Ausnahme einiger Fragmente der oberen, nur noch die untern Etagen vorhanden. Das Holzwerk derselben ist verkohlt, so namentlich die Thüren, deren Form man übrigens noch vollkommen zu erkennen vermag. Wände und Säulen sind aus unregelmässigen Steinen, theils vulkanischen, theils Backsteinen gefertigt und mit Stuck überzogen oder bemalt.

45. Ein Wandgemälde in Pompeji.

Die Manipulation, die man in Italien bei den Wand-Malereien anwendete, beschreibt uns Vitruv (de arch. VII, 3, 5.) folgendermassen: Zunächst wurde die Mauer mit einer Kalkschicht beworfen, dann mit einer oder mehreren Lagen feinen Kalkmörtels überzogen, auf welche dann wiederum 2 oder 3 mit fein gemahlenem Marmor oder Gypspulver vermischte Schichten von Mörtel in der Art aufgetragen wurden, dass, bevor die eine Lage völlig angetrocknet war, bereits die zweite darauf gelegt wurde, so dass sich die ganze Masse innig verband und eine marmorartige Consistenz erhielt. Dann wurden die obersten Schichten geglättet und nun die Farben entweder al fresco (auf nassen Kalk) oder a tempera (auf trocknen Grund) aufgetragen. Es waren hauptsächlich 4 Genres der Wandmalerei; architektonische Ansichten, Bühnendarstellungen, landschaftliche Ansichten mit Scenen aus dem Alltags- und Still-Leben, endlich Darstellungen aus der Mythologie. Die Farben, deren man sich bediente, gehörten mit Ausnahme des Saftes der Purpurschnecke und der aus Knochen oder Kohlen gewonnenen schwarzen Farbe, alle dem Mineralreich an.

Das auf unserem Blatte 45 dargestellte Wandgemälde stellt eine geflügelte Victoria dar. Der Sage nach wurden dieser Göttin die Flügel verliehen, nachdem die Götter, der Streiche des Liebesgottes müde, denselben aus dem Himmel verjagt und ihn seiner Fittige beraubt hatten. Von den Griechen sollen der Bildhauer Bupalis und der Maler Aglaophon die ersten gewesen sein, die sie geflügelt darstellten. Schild und Kranz (bei den Römern besonders die goldene aus Eichenlaub gefertigte corona civica) selten auch, wie auf unserm Bilde der Speer, sind in ihren Händen unzweifelhafte Attribute. Statt des Schildes hat sie zuweilen den Palmzweig in der Hand, woher sie den Namen Dea palmaris führt. Nach der kecken Wendung des Hauptes und dem freien Ausdruck des Gesichts erscheint sie auf unserer Abbildung als die Verleiherin eines eben gewonnenen Sieges, auf den sie mit Stolz und Befriedigung zurückblickt.

46. Ein Mosaik-Boden.

Die Fussböden in den Häusern der alten Griechen und Römer waren in den ältesten Zeiten aus festgestampftem und geebnetem Lehm gebildet. Als man anfing, dem Innern der Wohngebäude im Allgemeinen mehr Aufmerksamkeit zuzuwenden, erhielten auch die Fussböden eine mehr künstlerische Behandlung. Man belegte sie mit Platten von weissem und farbigem Marmor, die unter allerhand geometrischen Figuren zusammengesetzt wurden (pavimentum sectile). Bald aber entstand die Mosaik-Arbeit (ψηφωτός), indem man aus kleinen buntfarbigen Stiften von Marmor, Glas, oft auch edlen Steinen (Achat, Onyx u. a.) selbst Holz die verschiedenartigsten Muster und Bilder darzustellen suchte. Solche Bilder bedeckten bald den ganzen Fussboden, bald waren sie nur als Medaillons in grössere Mosaik-Muster eingelassen (pavimentum tessellatum s. musivum). Die Kunst der Mosaik-Bereitung war wahrscheinlich im Morgenlande entstanden. Berühmt war im Alterthume der von einem gewissen Sosos gefertigte Fussboden im Speisesaal des Königs von Pergamum, der οἶκος ἀσάρωτος, (so genannt, weil die Ueberbleibsel der Mahlzeit darauf abgebildet waren, Plinius 36, 60.) Von dort kam sie zu den Griechen, die sie weiter ausbildeten, und zu Sulla's Zeiten zu den Römern. Das mechanische Verfahren bei Anlegung einer Mosaik-Arbeit war folgendes: Auf einer Unterlage von durch Eisenklammern zusammengehaltenen Steinplatten, die wiederum von einer Einfassung umschlossen waren, trug man einen langsam trocknenden Kitt auf, in den, so lange er noch weich war, die buntfarbigen, 4kantigen Stifte von dem musivarius nach einem Musterbilde eingesteckt wurden. War der Kitt vollständig getrocknet, so wurde die Oberfläche geebnet und geglättet und der Boden bildete nun eine feste, gegen Staub und Nässe unempfindliche Masse, die, wenn sie im Laufe der Zeit etwas abgetreten war, nur abgeschliffen werden durfte, um das Mosaikbild wieder wie neu hervortreten zu lassen. Von griechischen Mosaik-Böden sind bis jetzt nur spärliche Ueberreste zu Tage gefördert worden, dagegen weist Italien, insbesondere Pompeji, deren eine grosse Menge in den schönsten und zierlichsten Mustern auf. Namentlich in schwarzen Streifen auf weissem Grunde in bald geraden, bald mäandrisch geschlungenen Linien finden sich die mannigfaltigsten und herrlichsten Compositionen. Aber auch scenische und mythologische Darstellungen, Wettfahrten im Circus, Schlachtenbilder, musikalische Instrumente, die mannigfaltigsten Thiergestalten u. a. finden sich in bald grösserer, bald geringerer künstlerischer Vollendung in musivischer Arbeit ausgeführt. Zu den schönsten alten Mosaikarbeiten gehört die leider an mehreren Stellen sehr beschädigte (auf Taf. 58 abgebildete) sogenannte Alexander-Schlacht (s. d.), bei welcher jeder Quadratzoll aus etwa 150 Stiften zusammengesetzt ist.

Das auf unserer Tafel abgebildete Mosaikbild fand sich in der Cella des Thürhüters im sogen. Hause des »poëta tragicus« in Pompeji und stellt einen grimmigen Kettenhund der mit dem für den unbefugten Eindringling bestimmten Warnungeruf: »cave canem«, eine Darstellung, die auch sonst häufig, wie das »Salve« in musivischer Arbeit an den Hauseingängen angebracht war.

Ausser der oben erwähnten Alexanderschlacht sind noch bedeutende Mosaiken die praenestinische, eine naturhistorische und ethnographische Darstellung Aegyptens, die Capitolinische Mosaik mit dem spinnenden Hercules von Antium, die aus der Tiburtinischen Villa Hadrians mit dem Lapithen- und Centauren-Kampf u. s.

47. Mahlzeit.

Die Mahlzeiten bei den Griechen und Römern bieten vielfache Aehnlichkeiten unter einander dar. Ehe man sich zu Tische setzte, wurde die Fussbekleidung durch einen Sclaven abgenommen, der dieselbe zugleich in Verwahrung nahm. Sofort wurde Wasser zum Waschen der Füsse, hauptsächlich aber der Hände gereicht, welche letztere Waschung wohl auch während des Essens zwischen den verschiedenen Gängen wiederholt wurde. Da die Griechen und Römer sich keiner Gabeln bedienten, sondern die Speisen mit den Fingern zum Munde führten, so benützten sie Servietten (mappae) oder eigentliche Esshandschuhe (digitalia), um sich die Hände jedesmal wieder zu reinigen oder sich dieselben rein zu erhalten. In den ältesten Zeiten sass man bei Tische, später lag man — und zwar in eigentlichen Tafel-Kleidern, welche die möglichste Bequemlichkeit boten, — um die niederen Speisetische her. Die Mahlzeit der Griechen war bis in die spätesten Zeiten einfach. Sie bestand für gewöhnlich aus dem Fleisch von Rindern, Schafen und Ziegen, wozu Brod (μᾶζα) gereicht wurde. Ausserdem wurden auch Fische, Wildbrät, Gemüse und mancherlei Früchte verspeist. Am einfachsten speiste man bekanntlich in Sparta, während die Mahlzeiten der Syracusaner und Sybariten wegen ihrer Ruffinirtheit und ihres Luxus berüchtigt waren. Es fanden täglich 3 Mahlzeiten statt, das Frühstück (ἄριστον), das Haupt- oder Mittags-Mahl (δεῖπνον) und das Abendessen (δόρπον). Die Hauptmahlzeit wurde gewöhnlich erst gegen Sonnenuntergang eingenommen. Wein wurde erst nach der Mahlzeit aufgetragen, aber in der Regel nur mit Wasser vermischt getrunken.

Auch der Tisch der Römer war in den ältesten Zeiten einfach und wurde erst gegen das Ende der Republik üppiger und raffinirter. Herren und Diener speisten anfangs gemeinschaftlich, und die Kost beschränkte sich in der Regel auf eine Art Brei (puls) aus Spelt oder Hülsenfrüchten und auf einige Arten grüner Gemüse (leguminum). Eigentliches Brod wurde erst später (nach der Erwerbung Klein-Asiens) allgemeiner. Von dieser Zeit an pflegten die Römer dreimal des Tags zu essen. Ihre erste Mahlzeit war das Frühstück (jentaculum), diesem folgte das prandium oder merenda, eine leichtere Mittag-Mahlzeit, und um die neunte oder zehnte Stunde des Tags (Mittags 3–4 Uhr) die Haupt-Mahlzeit (coena). Die coena zerfiel a) in das Voressen (promulsis), das aus Eiern, Oliven, Salzfischen u. dgl. bestand, und den Appetit reizen sollte (cf. Hor. Sat. II, 8,); b) die coena im engern Sinn mit mehr oder weniger, in der Kaiserzeit 6 bis 7 Gängen (fercula), bei denen Schwelger mehr auf Seltenheit und Kostbarkeit der Gerichte als auf Wohlgeschmack sahen, und c) den Nachtisch (mensae secundae oder eigentlich tertiae, auch bellaria) der aus Backwerk und Früchten bestand. Bäcker (pistores), Kochkünstler (coqui) und Conditoren (dulciarii) erschöpften hiebei ihre Künste.

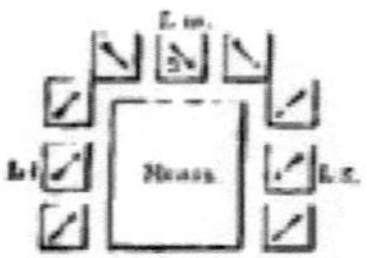

Bei der Mahlzeit waren triclinia für je 3 Personen aufgestellt, die parallel neben einander bei Tische lagen (accumbere). Man unterschied ein lectus imus, lectus medius u. lectus summus. Der mittlere Platz, der lectus medius (2) war zugleich der Ehrenplatz bei Tisch. Als statt der viereckigen Tische runde aufkamen, wurden auch die lecti halbkreisförmig um die Tische aufgestellt, und erhielten wegen ihrer Aehnlichkeit mit dem griechischen Buchstaben Σ den Namen Sigma. Die Höhe dieser triclinia betrug die Hälfte der zusammengerechneten Länge und Breite. Man lag so bei Tische, dass man den linken Arm auf den lectus stützte. Als Geräthe zum Essen hatte man bloss Löffel (cochlearia, ligulae) mit einer Spitze am andern Ende. Gabeln gab es nicht, weil die Speisen durch den scissor oder carptor zerlegt aufgetragen wurden. Dieselben wurden auf einem Untersatz, der jedesmal den ganzen Gang enthielt, aufgestellt, und falls die Gäste nicht selbst zugriffen, von Sclaven herumgereicht. Der Wein, den man beim Nachtisch gab, wurde in einem Mischkessel (crater) mit einer bestimmten Quantität Wasser verdünnt, aber die Mischung von den Gästen nach Belieben temperirt. Oft wurde dem Wein, um ihn pikanter zu machen, Gewürze beigemischt. Als Trinkgefässe hatte man Schalen (paterae, phialae) oder Becher mit Henkeln (pocula) oder Kelche (calices), welche oft phantastische Formen, namentlich die von Thierköpfen darboten. Für die Unterhaltung bei Tische wurde je nach dem Geschmacke der Gäste durch Musik, Tanz, Vorleser oder durch gesellige Spiele, namentlich Würfelspiele (tesserae, tali) gesorgt.

48. Hausgeräthe.

Während uns zur Veranschaulichung des häuslichen Lebens der Griechen ein völlig oder auch nur annähernd erhaltenes Wohnhaus fehlt, und nur auf Vasenbildern oder plastischen Denkmalen Darstellungen griechischer Hausgeräthe auf uns gekommen sind, ist uns in den Ruinen von Pompeji und Herculaneum ein reichliches Material aufbewahrt worden, das uns ein ziemlich deutliches Bild der häuslichen Einrichtung der alten Römer geben kann. In den Häusern, Tempeln, Theatern, Bädern und Grabstätten fanden sich Gefässe und Geräthschaften der verschiedensten Art aus Glas, Thon und Metall zum Theil von so künstlerischer Vollendung, dass sie jetzt unsern Künstlern und Handwerkern zu Modellen dienen. Eine Aufzählung und Darstellung aller dieser manchfaltigen Geräthe würde den Raum unserer Tafel übersteigen, und wir bringen desshalb nur einige der wichtigsten zur Anschauung.

Von der manchfaltigsten Gestalt waren die zum Sitzen und Liegen bestimmten Geräthe, insbesondere die Polster und Ruhebetten, welche auf drei Seiten des quadratischen Speisetisches (triclinium cf. Taf. 47.) aufgestellt waren. Das wichtigste Sitzgeräthe der Römer war der Ehrenstuhl der höchsten Magistrate, die sella curulis, von der wir auf unserer Tafel Fig. 1. eine Abbildung geben. Sie war ein auf sägbockartig gestellten Beinen ruhender Sitz ohne Lehne, anfangs aus Elfenbein, später aus Metall gefertigt. Die Tische Fig. 2. waren in den ältesten Zeiten viereckig, später halbmondförmig oder rund, und die reicheren Römer verwendeten auf ihre Ausstattung, insbesondere auf die Tischplatte, oft grosse Summen. So soll Cicero für eine Tischplatte aus Citrus-Holz eine Million Sesterzien (55,555 Thaler) bezahlt haben. Kleine Tische, gewöhnlich auf 3 Füssen ruhend (abaci) dienten zu Aufstellung von Schmuck- und Nipp-Sachen. Als Träger von Hausgeräthen, namentlich aber zu Aufnahme der beim Mahle nothwendigen Kessel und Becken dienten Dreifüsse, die oft reich mit Blattwerk und andern Ornamenten verziert waren (s. Taf. 47.). Die zum Gebrauche in Küche und Keller dienenden Töpfe, Eimer, Pfannen, Löffel, Schöpfgefässe und Becher waren in ihren Formen nicht sehr von den bei uns noch im Gebrauch befindlichen verschieden (Fig. 3.). Weniger zum Gebrauch als zum Schmuck dienten die mancherlei Vasen, womit namentlich in späterer Zeit die Römer die inneren Räume ihrer Häuser, ihre offenen Hallen und Gärten schmückten, und von denen eine grosse Anzahl theils aus Marmor, theils aus Metall gefertigt auf uns gekommen ist. Unter allen Geräthschaften, die durch die Ausgrabungen römischer Wohnstätten zu Tage gefördert wurden, sind es aber die Lampen, die in der grössten Menge und Manchfaltigkeit sich vorgefunden haben, und die darum in allen Sammlungen zahlreich vertreten sind Fig. 4. Sie sind bald aus Thon (namentlich terra cotta) bald aus Metall verfertigt und enthalten die buntesten Darstellungen aus der Mythologie, dem Menschen-, Thier- und Pflanzenleben. Gewöhnlich haben sie nur eine Oeffnung für den Docht, oft aber 2 und 3, ja bis zu 12. Um ihrer mehrere zugleich auf den Tisch stellen zu können, wurden eigene Lampenträger (candelabrum) construirt, auf welchen die Lampen standen, oder von welchen sie herabhingen (Fig. 5.). Grössere Candelaber aus Marmor oder Metall, die nicht von einer Stelle zur andern getragen oder gerückt werden konnten, standen in den Tempeln der Götter oder den Prunkgemächern der Reichen, wo bei festlichen Gelegenheiten auf ihrem Capitale ein Feuerbecken loderte. In solchen Candelabern entwickelten die Bildhauer oft grosse Kunstfertigkeit, und es gab solche, die sogar mit Edelsteinen geschmückt und Göttern als Weihgeschenke dargebracht wurden. Wagen, den heutzutage gebräuchlichen nicht unähnlich, fanden sich in Pompeji in ziemlicher Menge (Fig. 6.). Schreibgriffel und Schreibtafel sind unter Fig. 7. abgebildet.

49. Götter-Versammlung.

Die auf unserer Tafel 49 gegebene Abbildung ist einem in den Farnesischen Gärten in Rom befindlichen Gemälde des berühmten Malers Raphael Sanzio entnommen und stellt die Scene dar, wie sich Amor von Jupiter die Erlaubniss erbittet, Psyche zur Gemahlin nehmen zu dürfen. Nach der Sage war Psyche die jüngste von den 3 Töchtern eines unbekannten Königs, die durch ihre alle sterblichen Mädchen überragende Schönheit, die ihr sogar göttliche Verehrung zuzog, den Neid der Venus erregte. Diese, um sich zu rächen, gab ihrem Sohne Amor den Befehl, ihr Liebe zu dem verächtlichsten der Sterblichen einzuflössen, damit sie selbst allgemeine Verachtung träfe. Amor wollte diesen Befehl ausführen. Kaum aber hatte er das Mädchen erblickt, als er selbst von Liebe zu ihr ergriffen wurde. Er brachte sie in einen herrlichen Palast, wo Psyche in seiner Nähe ein vollkommenes Glück hätte geniessen können, wenn sie nicht den Eingebungen ihrer auf sie eifersüchtigen Schwestern gehorcht, und während Amor schlief, sich demselben genaht hätte, um ihn, weil sie ein Ungeheuer in ihm zu sehen glaubte, zu tödten. Statt eines Ungeheuers sah sie nun den schönsten der Götter, und aus Schrecken liess sie einen Tropfen heissen Oeles aus ihrer Lampe auf seine Schultern fallen, wodurch Amor erwachte. Voll Schmerz über ihr Misstrauen verliess er sie, und Psyche irrte nun verzweiflungsvoll umher, um den Geliebten zu suchen. So kam sie endlich in den Palast der Venus selbst, wo sie aber mit Spott und Hohn empfangen wurde, und die härtesten Sclavendienste verrichten musste. Sie wäre wohl unter der Last ihres Elends erlegen, wenn nicht Amor, der sie immer noch liebte, sich ihrer unsichtbar angenommen hätte. Endlich gab ihr Venus eine Büchse, um in die Unterwelt hinabzusteigen und von Proserpina dieselbe mit der Salbe der Schönheit füllen zu lassen. Psyche gehorchte und brachte die Büchse auf die Oberwelt. Aber von weiblicher Neugier ergriffen, die Salbe zu sehen, und sich vielleicht selbst von der Götter-Schönheit etwas anzueignen, öffnete sie die Büchse, aus der ein betäubender Dampf aufstieg, der sie in Todesschlummer versetzte. Amor weckte sie wieder zu neuem Leben und nachdem die Büchse seiner Mutter überbracht war, eilte Amor zum Throne Jupiters und flehte ihn um seinen Schutz an. Jupiter willfahrte ihm und berief nun eine Versammlung der Götter, in die trotz des Widerspruchs der Venus Psyche eingeführt ward, und wo Merkur ihr einen Becher mit Ambrosia darreichte. Hierdurch hatte sie Unsterblichkeit erlangt, und nun, da sie auf gleicher Stufe mit Amor stand, fand die Versöhnung mit Venus und die Vermählung mit Amor statt.

Die Fabel von Amor und Psyche ist eine allegorische Darstellung des Schicksals der menschlichen Seele, die erst durch mancherlei Prüfungen geläutert zum Genuss der reinen himmlischen Freuden gelangt. cf. Apulej. Metam. L. 4–6. C. G. Baumgarten-Crusius de psyches fabula Platonica u. a.

50. Das Opfer.

Wie allen religiösen Handlungen, so gingen insbesondere den Opfern Gebete voran, bei denen verschiedene Gebräuche beobachtet wurden. Beim Gebet zu den obern Göttern (Dei superi) streckte man die Hände gen Himmel, zu den unterirdischen (Dei inferi) zur Erde. Unter den Opfern unterschied man sacra privata, die von Einzelnen für Einzelne oder eine Familie, und sacra publica, die für den Staat dargebracht wurden. Ausserdem zerfielen sie noch in Bitt-, Sühn- und Dank-Opfer, und diese waren wiederum entweder blutige oder unblutige. Die letzteren bestanden aus Früchten, Kuchen, Wein, für die unterirdischen Götter namentlich aus Milch und Wasser mit Honig vermischt. Zu den blutigen Opfern wählte man am häufigsten Rinder, Ziegen, Schafe, Schweine (unter welchen man wieder die hostiae majores von den h. lactentes unterschied cf. Liv. 22, 1.), auch Vögel, wie Tauben, Hennen u. dgl., oder Thiere, die entweder für Lieblingsthiere der einzelnen Götter galten oder ihnen verhasst waren. Zu den Sühnopfern, die am Schlusse eines Lustrums nach beendigtem Census, oft auch während eines Krieges dargebracht wurden, nahm man gewöhnlich ein Schwein, einen Widder und einen Stier, wobei das Opfer suovetaurilia oder verstümmelt solitaurilia hiess. Ein solches ist auf unserer Tafel abgebildet. Die Opfergebräuche waren im Wesentlichen folgende: den Deis superis opferte man in weissen Kleidern mit Kränzen aus Eichenlaub, Lorbeer oder Oelzweigen auf dem Haupt und in den Händen, gewöhnlich weisse Opferthiere, den Göttern der Unterwelt in schwarzen Kleidern nur dunkelfarbige Thiere. Bei den Griechen wurde den obern Göttern des Morgens, den untern des Nachmittags oder Abends geopfert. Auch die Opferthiere waren bekränzt und den Widdern und Stieren oft die Hörner vergoldet. Sträubten sich die Opferthiere beim Heranführen zu dem ebenfalls mit Binden und Kränzen geschmückten Altar, so galt diess als ein schlimmes Vorzeichen. Ehe man die Opfergeräthe berührte, wusch man sich, worauf die Anwesenden mit Wasser, das durch Eintauchen eines vom Altar genommenen Feuerbrands geweiht war, mittelst eines Oel- oder Lorbeer-Zweigs besprengt wurden. Hierauf gebot der Priester Stille (favete linguis, εὐφημεῖτε, εὐφημία ἔστω). Nun folgte ein Gebet, nach welchem das Opferthier untersucht wurde. Dasselbe musste gesund und unversehrt sein und durfte noch in keiner Weise Menschen gedient haben. Ward es makellos befunden, so streute man ihm heiliges Salzmehl und geröstete Gerstenkörner (mola salsa) auf den Nacken (immolatio), schnitt ihm einen Büschel Stirnhaare ab und warf diese ins Feuer. Sofort wurde das Thier mit einem Beile oder einer Keule niedergeschlagen, ihm die Kehle mit dem Opfermesser durchschnitten, und mit dem Blut der Altar besprengt. Während des Opfers blies ein tibicen. Nachdem die Haut abgezogen war, wurde das Thier zerstückt, die besten Theile, vorzüglich die Schenkelknochen und das Fett, für die Gottheit ausgewählt, und mit Weihrauch, Kuchen u. dgl. verbrannt. Das Uebrige verzehrten die Opfernden und die zum Opfermahl eingeladenen Freunde. Nur von Fluchopfern wurde nichts gegessen, das Fleisch vielmehr vergraben oder auf andere Weise bei Seite geschafft. Zwischen dem Opfer und dem Opfermahl gab man sich allerlei Belustigungen und Spielen hin, aus denen bei den Griechen die verschiedenen Gattungen des Drama's hervorgingen.

Als Altäre, an denen die alten Griechen und Römer ihren Göttern opferten, dienten den ersteren sowohl für den Tempel- als den Privat-Gebrauch festgemauerte Herde oder transportable, zierlich construirte Feuerstätten, welch letztere meist auf einem Dreifuss ruhten. Auf solchen Dreifüssen, die in den mannigfachsten Formen ausgeführt wurden, meist aber die Gestalt von geschwungenen Thierschenkeln hatten, ruhten auch die beckenförmigen Geschirre für das Weihwasser, welche an den Eingängen innerhalb der Tempel standen. In Italien hatte man verschiedene Gattungen von Altären: arae oder Erhöhungen aus Erde, Stein, Rasen u. dgl., die nur zur Verrichtung von Gebeten und Libationen benützt und auf denen die Gaben des Feldes oder Räucherwerk verbrannt wurden, sodann altaria (Opferaltäre) und mensae (Opfertische), welche letztere wie bei den Griechen Dreifüsse als Untergestelle hatten. Die Opferaltäre waren bald völlig rund, bald länglich rund, bald würfelförmig oder dreieckig mit senkrechten oder schräg abfallenden Seitenflächen. Dem Jupiter und den andern obern Göttern wurden sehr hohe altaria*) erbaut, zu denen man auf Stufen hinanfstieg. In einem Tempel befanden sich gewöhnlich zwei Altäre, eine ara zum Beten und Opfern von Räucherwerk immer im Osten des Tempels vor der Statue der Gottheit, damit dieselbe von den Opfernden angeblickt werden konnte, und ein altare zu den Brand- oder blutigen Opfern. An diesen grossen Altären befanden sich zur Ableitung des Blutes schräg eingemeisselte Blutrinnen. Als Ornamente finden sich an den auf uns gekommenen Exemplaren Blumengewinde mit dazwischen geordneten Opfergeräthen und Schädeln von Opferthieren, meist von Widdern und Stieren. Bei Römern und Griechen galten die Altäre als Asyle, zu denen man seine Zuflucht nehmen und von denen man nicht vertrieben werden konnte. Auch an den Strassen standen Altäre, und im Innern

*) Der zu Olympia war 22 Fuss hoch und sein Unterbau (πρόθυσις) hatte 125 Fuss im Umfang.

des Hauses diente der Herd, an dem die Hausgötter standen, als Altar.

Die Opfergeräthe bestanden zunächst in ehernen Kesseln sammt den dazu gehörigen Dreifuss-Gestellen, dem Feuerbecken mit den zur Feuerung nöthigen Werkzeugen, einer Zange, Schaufel und Feuerhaken, ferner in den verschiedenen Opferbeilen, Opfermessern und Opferschalen und dem Opferhammer, ausserdem einem Weihwedel (aspergillum) und dem Löffelchen (ligula), um aus dem Weihrauchbehälter Weihrauch zu heben und auf die Kohlen zu schütten. Die Opfergefässe waren theils Töpfer-Geschirre, theils aus Silber oder Gold, so namentlich die acerra zu Aufbewahrung des Weihrauchs, das turibulum oder Räucherbecken, das Becken zur Entzündung des Opferfeuers, Kochtöpfe, Schöpfgefässe mit 1 oder 2 Handhaben, flache Schalen (paterae und patellae) zum Ausgiessen der Libationen, und zur Darbringung von Früchten geflochtene Körbe (canistra), endlich noch Salben-Behälter und Becher von verschiedener Form.

51. Leichen-Begängniss.

Die verschiedenen Gebräuche beim Tode eines Römers vom Augenblicke des Sterbens bis zu seiner Bestattung waren folgende:

Zunächst traten die Verwandten und Freunde an das Sterbebette heran, um die letzten Seufzer des Sterbenden aufzufangen (spiritum legere), drückten dem Verschiedenen die Augen zu (oculos premere s. condere) und schlossen ihm den Mund, worauf der Körper von eigens hiezu bestellten Leuten (libitinarii, pollinctores) gewaschen, mit Salben und Oel gesalbt und dann über dem in Linnen und Teppichen gehüllten Leichnam die Todten-Klage angestimmt (conclamare) wurde, bei der namentlich die Frauen ihrem Schmerz dadurch Ausdruck gaben, dass sie sich die Haare zerrauften und sich Brust und Wangen zerschlugen. (Auch Staub und Asche streute man aufs Haupt, enthielt sich Tagelang der Speisen und Getränke und wusch und kämmte sich nicht mehr.) Sofort wurde die Leiche in der Toga, Staatsbeamte in der Toga praetexta, verdienstvolle Männer mit einem Kranz ums Haupt auf einem Parade-Bett (lectus funebris) in dem Atrium mehrere (gewöhnlich sieben) Tage lang ausgestellt und vor denselben eine Räucherpfanne (acerra) hingesetzt. Am achten Tage erfolgte dann das Leichenbegängniss (elatio, exequiae, funus). Aermere wurden in der Regel bei Nacht, Reiche Vormittags beerdigt. Vor dem Trauerhause war eine Cypresse gepflanzt. Den Zug ordneten die Designatores, denen Lictores und Accensi beigegeben waren. Voran zogen Tibicines, bei grösseren Leichenfeierlichkeiten wurden auch cornua und tubae geblasen. Dann kamen die bezahlten Klageweiber (praeficae) dann die Freigelassenen, die aus Wachs geformten Ahnen-Bilder (imagines), bei Feldherrn auch die erhaltenen Ehren-Zeichen, erbeutete Rüstungen u. dgl. und zwar wurden bei den Leichen der Feldherrn und höheren Magistrate die Waffen und die fasces umgekehrt mit der Spitze gegen den Boden getragen. Nun folgte die von Räucherpfannen umdampfte Leiche auf einer mit bunten Decken geschmückten Bahre (lectus feralis) offen und mit dem Kopf etwas aufgerichtet, von Verwandten oder Freigelassenen, berühmte Männer wohl auch von Senatoren und Rittern getragen. Die Träger der ärmeren Leute hiessen Vespillones. Den Zug schlossen die übrigen Angehörigen und Freunde des Verstorbenen, alle in schwarzen Kleidern. Auf dem Forum vor den rostra wurde die Leiche niedergelassen, und von einem Verwandten oder Freunde die Leichenrede (laudatio funebris) gehalten. Nach dieser Rede begab man sich an den Ort, wo der Todte bestattet werden sollte. Diess geschah entweder durch Beerdigung (humare, terra condere) oder durch Verbrennung (cremare, comburere). Zur Zeit der Könige und der Kaiser war das Erstere, zur Zeit des Freistaats das Letztere vorherrschende Sitte, obwohl beide Arten der Bestattung neben einander bestanden. Nur kleine Kinder und Leute, die vom Blitz erschlagen worden waren, wurden immer begraben. Die Begräbniss-Plätze waren meist an frequenten Strassen (cf. die Gräber-Strasse in Pompeji, die Via Appia in Rom). Reichere liessen sich wohl auch auf ihrem eigenen Grund und Boden begraben, während für Aermere in Rom ein allgemeiner Begräbnissplatz am Mons Esquilinus vorhanden war. Die Särge (loculi, capuli) waren meist aus Holz, selten aus Thon oder Marmor gefertigt. Der Platz, wo die Leichen verbrannt wurden, hiess ustrina. War der Todte auf den dort in Form eines Altars errichteten Scheiterhaufen (rogus) gelegt, so öffnete man ihm die Augen und warf Haarlocken, Schmuckgegenstände, Weihrauch auf denselben, worauf ein Verwandter mit abgewendetem Antlitz den Scheiterhaufen anzündete. In die Flammen warf man noch Opferthiere, Blumen, Salben und Wein. Nach dem Abbrennen des Scheiterhaufens sammelte man die nicht verbrannten Gebeine (ossa, cineres colligere), besprengte sie mit Milch und Wein und legte

52. Griechisches Grab-Monument, Sarcophag, Relief-Bild eines Sarcophags.

Bei der grossen Verehrung, welche die Alten ihren Todten zollten, war es natürlich, dass ihnen auch die Stätten, wo die Asche derselben beigesetzt wurden, als besonders heilig galten, und dass sie dieselbe auf mancherlei Weise zu schmücken sich bemühten. In Griechenland fanden sich neben den in Fels gehauenen Grotten und Nischen schon frühe mehr oder minder umfangreiche Freibauten, die jenen Zwecken dienen sollten. Am häufigsten bestanden die Grab-Monumente in einfachen Pfeilern oder Säulen, an denen mancherlei plastischer Schmuck angebracht war. Statt der Pfeiler wählte man auch Steintafeln, die mit allerlei symbolischem Bildwerk geschmückt wurden, oder Grabkammern, die in der Front Aehnlichkeit mit Tempelbauten zeigten, ja nicht selten die Form und Anlage kleiner Tempel hatten, wie man Ueberreste von solchen auf Thera und andern griechischen Inseln gefunden hat. Das vollendetste Beispiel eines solchen tempelartig ausgeführten Grabdenkmals fand sich bei Xanthos in Lycien. Dasselbe befand sich zwar zur Zeit seiner Entdeckung im Zustande völliger Zerstörung; da jedoch der Unterbau erhalten war und sich eine grosse Zahl von Sculptur- und baulichen Trümmern vorfand, konnte man die Restauration des Ganzen mit ziemlicher Sicherheit vornehmen, und es ist nun im britischen Museum ein Modell desselben aufgestellt. Eine andere nicht wesentlich von dem obengenannten Modell verschiedene Restauration von Falkener stellt unsere Abbildung vor. Das ganze Monument bestand aus einem 33 Fuss langen, 22 Fuss breiten und fast eben so hohen Unterbau, um den 2 Reliefstreifen mit Schlachtdarstellungen herliefen und der durch einen zierlichen Karnies gekrönt war. Darüber erhob sich ein jonischer Peripteros, dessen Peristyl von 4 Säulen auf den schmaleren, 6 Säulen auf den längeren Seiten gebildet wurde, und dessen Cella auf jeder Seite zwei Säulen in antis zeigte. Eine reich verzierte Thür führte aus dem Pronaos, dem auf der entgegengesetzten Seite das Posticum entsprach, in die geräumige Cella. Fries und Giebel waren mit Reliefs, die Spitzen des Giebels mit freien Figuren verziert, wie sich solche auch in den Zwischenräumen der in reichem jonischen Styl gehaltenen Säulen befanden.

Bei den Römern waren die Stätten, in denen die Leichname ihrer Verstorbenen oder ihre Asche beigesetzt wurden, entweder eigentliche Gräber oder Grabgewölbe mit ausgemauerten Nischen (columbaria) oder über die Erde hervorragende Monumente von kegelförmiger oder pyramidaler Gestalt, die mit Inschriften oder Sculptur-Arbeiten versehen waren. Die kleinste Art der letzteren, unter denen der Aschenkrug einfach in die Erde eingegraben war, hiessen cippi oder columellae. Auf ihnen war der Rang und das Geschlecht des Verstorbenen angegeben, wohl auch Darstellungen aus seinem Leben und Wirken abgebildet. Grössere Grab-Monumente, wie das der Caecilia Metella (Taf. 28.) an der Seite der Appischen Strasse, das des C. Cestius (Taf. 29.) zeigen, wie es den vornehmen Römern nicht bloss um eine anständige Ausstattung ihrer Gräber, sondern zugleich um ein Schau-Monument zu thun war, das den Augen der Menge durch seine Grossartigkeit imponiren sollte. Desshalb wurden solche Monumente ausserhalb der Stadt-Thore an besuchten Strassen errichtet, ja in kleineren Städten entstanden, wie das Beispiel Pompeji's zeigt, eigentliche Gräberstrassen. Im Innern der Grab-Gewölbe waren die Wände mit Malereien und Basreliefs verziert. Die liegenden Grabsteine hatten entweder eine würfelförmige Gestalt oder die des eigentlich sogenannten Sarcophag's, wie der auf unserer Tafel abgebildete Sarcophag des L. Cornelius Scipio Barbatus (Consul im Jahr 298 v. Chr.). Derselbe ist aus Peperinstein gefertigt und gibt Zeugniss von der frühen Nachbildung griechischer Kunstformen, indem sein oberer Theil, dem Fries der dorischen Architektur nachgebildet, Verzierungen zeigte, während der am Carnies angebrachte Zahnschnitt, sowie der volutenartige Aufsatz sich den Formen des jonischen Styls nähert. Seit es unter den späteren Kaisern wieder Sitte wurde, die

Leichen, statt sie zu Asche zu brennen und diese in Urnen zu sammeln, zu begraben, kamen die Sarcophage mehr und mehr in Aufnahme, während aus demselben Grunde, weil die Todten nunmehr durch den Sarg, in dem sie ruhten, gesichert waren, die ausgemauerten Grüfte und Grab-Gebäude immer mehr abkamen. Die Sarcophage (so genannt von einem bei Assos in Troas gegrabenen Steine, von dem Plin. hist. nat. 2, 96 u. 31, 17 sagt, dass die in ihn gelegten Leichen innerhalb 40 Tagen verwesen), enthielten manchmal mehrere Leichname und waren an ihrer Vorderseite fast durchweg mit Reliefs verziert, die sich entweder auf den Beruf des Verstorbenen bezogen, oder symbolischer Natur waren. So wurden namentlich bei rasch eingetretenen Todesfällen die Niobiden-Gruppe, beim Tode von Jünglingen der Raub des Ganymed durch den Adler Jupiters, ferner Kampfesscenen, Gastmähler, Wagenrennen u. ähnl. auf den Sarcophagen abgebildet. Das auf unserer Tafel dargestellte Relief-Bild eines im Mus. Pio Clem. in Rom befindlichen Sarcophags stellt eine Episode aus dem Sagenkreis des trojanischen Krieges dar. Die Darstellung zerfällt in 5 Gruppen. Links sehen wir die griechischen Schiffe an der Trojanischen Küste landen. Der erste Grieche, der ans Land steigt, ist Protesilaus, der nach dem Ausspruch des Orakels auch der erste sein sollte, der von den Troern getödtet würde, und wirklich sehen wir in der daneben befindlichen Gruppe seine Leiche schon am Ufer hingestreckt; seine Seele in Gestalt eines tiefverschleierten Schattens verlässt ihn eben und Mercur als ψυχοπομπός empfängt dieselbe, um sie in die Unterwelt zu geleiten. Die dritte Gruppe (auf der rechten Seite) zeigt den Protesilaus, wie er von Mercur seiner trostlosen Gattin Laodamia, neben der ihr Schwiegervater Iphicles sitzt, zugeführt wird; die vierte Gruppe zeigt seine Rückkehr zur Unterwelt, an deren Eingang ihn Charon mit seiner Barke erwartet. Der Sarcophag war vielleicht zum Gedächtniss zweier junger Gatten gefertigt, deren Züge in den Köpfen des Protesilaus und der Laodamia abgebildet sind, die als fünfte Gruppe in der Mitte des Reliefs stehen und sich während der 3 Stunden, die ihnen Pluto zum Wiedersehen verwilligt hat, mit einander unterhalten. Seit der Kaiserzeit wurden bei den Gräbern auch Lampen gebraucht (lucernae sepulcrales), die entweder bei der Bestattung angezündet oder auf die Gräber der Verstorbenen gestellt wurden.

Allgemeine Todtenfeste (feralia) wurden in der Regel am 21. Februar und den darauf folgenden Tagen gefeiert, während auch in den einzelnen Häusern Todtenopfer zur Sühne der Manen abgeschiedener Verwandten (parentalia) an den Todes- und Begräbnisstagen derselben dargebracht wurden.

53. Apotheose.

So nannten die Alten die Feierlichkeit, durch welche Sterbliche in den Rang der Götter erhoben wurden, um von da an göttliche Ehren zu geniessen. Die Ceremonie stammte von den Griechen, welche namentlich solchen Männern dieselbe zuerkannten, die als Wohlthäter ihres Volkes oder der Menschheit im Allgemeinen sich Verdienste erworben hatten, so insbesondere Philosophen und Religionsstiftern, Stiftern von Colonien, politischen Helden wie Theseus u. a. Von den Griechen kam der Gebrauch zu den Römern, die zuerst dem Romulus unter dem Namen Quirinus göttliche Ehren erwiesen. Nach ihm widerfuhr die Ehre erst dem Julius Caesar wieder. Die eigentliche Apotheose mit bestimmten Caerimonien (consecratio, cf. Tac. ann. 13, 2, extr. Suet. Domit. 2) kam unter den Kaisern auf und es wurde diese Ehre selbst den unwürdigsten Regenten von ihren Nachfolgern, freilich auf den Beschluss des Senats, zuerkannt. Der Vergötterte, der nun in Deorum numerum oder inter (in) Deos aufgenommen wurde, erhielt den Titel Divus. Selbst Kaiserinnen wurden vergöttert. Wir finden die Sitte auch bei den Ptolemäern in Aegypten, wo gewöhnlich der Vater von dem Sohne apotheosirt wurde. Auch röm. Feldherrn hatten sich in ihren Provinzen dieser Ehre zu erfreuen. Ueber den Hergang bei der Ceremonie unter den Kaisern berichtet Herodian (4, 2.) ausführlicher. Die Apotheosirung besorgten eigens hiezu bestellte Priester (Sodales Augustales), die ein selbständiges Collegium bildeten. Seit August blieb dasselbe eigens bei der Gens Julia, obwohl später noch weitere Collegia Sodalium hinzukamen. Nach der Bestattung der Leiche stellte man ein wächsernes Bild des verstorbenen Kaisers auf einer elfenbeinernen Bahre 7 Tage lang im Palaste zur Schau aus; dann wurde dasselbe auf dieser Bahre von Rittern und Senatoren aufs Forum getragen, wo sie durch Chöre von Jünglingen und Jungfrauen aus den vornehmsten Geschlechtern unter Todten-Gesängen empfangen wurde. Von dort ging es auf das Marsfeld, wo das Bild auf einem hohen, schön geschmückten Gerüste, das mit Weihrauch und andern Specereien angefüllt war, verbrannt wurde. Der neue Kaiser steckte das Gerüste selbst mit einer Fackel in Brand. Von dem obersten Stockwerk denselben liess man zugleich einen Adler auffliegen. Nun erhielt der Apotheosirte zugleich Eigenpriester (flamines) zugeordnet. Auf den vielen uns erhaltenen Denkmalen sieht man den Vergötterten von Adlern, Kaiserinnen wohl auch von Pfauen emporgetragen. Auf Münzen ist die Apotheose verschieden dargestellt, bald durch einen mit Strahlen umgebenen Kopf, bald durch einen Phönix oder durch den Adler, der den Vergötterten trägt, oder durch die Aufschrift Conservatio auf dem Revers. Zu der äusseren Ehre der Vergötterung gehörte auch die Anordnung von Spielen zum ewigen Andenken an den Verstorbenen. Die Darstellungen solcher Apotheosen, wie diese selbst, waren in den späteren Zeiten des Kaiserreichs so allgemein geworden, dass sie vielfach zum Gegenstand des Spottes wurden. (cfr. Seneca's ἀποκολοκύντωσις s. ludus de morte Claudii). Die auf unserer Tafel abgebildete Apotheose ist dem Postament einer Säule des Antoninus Pius, die demselben im Jahre 161 nach Chr. errichtet ward, entnommen. Sie stellt den Kaiser und seine Gemahlin dar, wie sie von einem geflügelten Genius, auf dessen Fittichen Adler sitzen, emporgetragen werden. Die Darstellung ist, wie die meisten allegorisirenden Werke, kalt und steif, obwohl die Formen selbst fein durchgeführt sind.

51. Das Theater.

Die Locale zu dramatischen Aufführungen hatten bei Griechen und Römern die Form eines Halbkreises (oder eines über den Halbkreis mehr oder weniger hinausgehenden Kreissegments), der sich bei den Griechen fast durchweg an eine natürliche Anhöhe anlehnte, in welche die Sitzstufen der Zuschauer eingehauen oder auch aus Holz oder Steinen eingefügt waren. Auch bei den Römern findet sich diese Art der Anlage der Theater, obwohl, namentlich in Rom selbst, eigene von Grund aus gemauerte Theater-Gebäude oft mit enormen Kosten errichtet wurden.

Das Theater bestand aus 3 Haupttheilen: 1) dem Zuschauer-Raum (θέατρον im engeren Sinn), 2) dem Tanzplatz des Chores, der Orchestra (ὀρχήστρα), der aber auf dem römischen Theater nicht mit zu Aufführungen benutzt wurde, sondern mit Sitzplätzen versehen war und 3) der Bühne für die Schauspieler, der scena, σκηνή (so genannt, weil die Schauspieler ursprünglich unter einem Zelte spielten, oder aus einem solchen kamen, wenn sie auftraten) sammt den dazu gehörigen Gebäuden. In dem Zuschauer-Raume erhoben sich die Sitzstufen in concentrischen Halbkreisen übereinander, die durch Treppen (κλίμακες, scalae, itinera) in keilförmige Abtheilungen (κερκίδες, cunei) getheilt wurden. Ein breiter mit den Sitzstufen parallel laufender Umgang (praecinctio, διάζωμα) schied die Sitzreihen in 2 ungleiche Abtheilungen (ζῶναι), von denen die obere kleiner als die untere war. Die Sitze waren durch Linien abgetheilt und numerirt, trugen wohl auch den Namen des Inhabers und wurden während der Vorstellungen mit Kissen belegt. Auf den untersten Stufen standen marmorne Sessel für die obersten Staatsbeamten, die Priester, fremde Gesandte und sonstige hervorragende Persönlichkeiten. Weiter hinauf sassen die Bürger, zu oberst Frauen und Sklaven. Vor den untersten Sitzreihen lag die Orchestra, in deren Mitte der Altar des Bacchus (θυμέλη) stand. Um diesen lief ein mit Sand bestreuter Boden (κονίστρα) und auf seinen Stufen standen der den Chor begleitende Flötenspieler, sowie die Stabträger (ῥαβδοφόροι, ῥαβδοῦχοι), welch letztere die Theaterpolizei übten und ebensowohl bei ästhetischen Versehen der Schauspieler, als bei sittlichen Vergehen der Zuschauer sogleich einschritten. Zu der Orchestra führten zwei Eingänge von aussen (πάροδοι), die zwischen den Enden der Bühne und des Zuschauer-Raumes liegend so breit waren, dass man mit Wägen und Pferden durch sie einfahren konnte. Durch diese πάροδοι zog der Chor in die Orchestra ein. Dem Zuschauer-Raum gegenüber lag das feste Bühnen-Gebäude (die scena im weiteren Sinne), an das sich in gleicher Höhe rechts und links 2 Flügel (παρασκήνια) anschlossen, in deren geräumigen Sälen sich Zimmer zum Ankleiden und zum Aufenthalt für die Choreuten befanden, während die dem gleichen Zwecke dienenden Räume für die Schauspieler sich im Hauptgebäude befanden. Die Bühne im engern Sinn, προσκήνιον (Vorplatz vor dem Bühnengebäude) oder λογεῖον (Sprechplatz) auch ὀκρίβας, bei den Römern pulpitum geheissen, unter dem sich eine Art Kellerraum (ὑποσκήνιον) befand, lag in der Regel 10—12' über der Orchestra, von der 2 Treppen auf das προσκήνιον hinaufführten.

Die Handlung der alten Bühnenstücke ging gewöhnlich nicht im Innern eines Hauses vor, sondern auf offener Strasse, und so zeigte denn auch in der Tragödie die Decoration gewöhnlich einen Palast, im Satyrdrama einen Wald oder eine Höhle, im Lustspiel ein bürgerliches Wohnhaus im Hintergrunde. Ausser der Hauptbühnenwand im Hintergrunde standen an den beiden Seiten derselben, an den Parascenien, die Stelle der heutigen Coulissen vertretend, je eine prismatisch gestaltete, drehbare Maschine (περίακτος, scena versatilis), welche je nach dem Bühnenstück, das aufgeführt wurde, der Decoration der Hauptwand entsprechend bemalt war. Sollte einmal ein Einblick ins Innere gewährt werden, um den Zuschauern etwas innerhalb eines Hauses Vorgefallenes zu zeigen, so konnte die Hauptwand im Hintergrund auseinander gezogen werden (daher scena ductilis), oder es wurde eine kleine Schiebebühne (ἐκκύκλημα) hervorgeschoben, die, von 3 Seiten geschlossen, das Innere eines Zimmers zeigte. Aus den 3 Pforten der Hauptwand traten die Schauspieler hervor und zwar aus der mittleren (aula regia) die Fürsten oder vornehmsten Personen des Stückes, aus der rechten (vom Zuschauer) die Frauen und Sclaven, aus der linken (aula hospitalis) die Gäste und Fremden. Wer nicht aus dem Hause kam, trat durch die beiden Thüren der Parascenien auf die Bühne.

Um Götter oder Heroen schwebend in der Luft vorzustellen, hatte man eine Hebe- oder Schwebe-Maschine (γέρανος), ferner Vorrichtungen, um Blitze und Donnerschläge (κεραυνοσκοπεῖον, βροντεῖον) nachzuahmen. Um die Stimme der Schauspieler in den weiten Räumen überall verständlich zu machen, waren Schallgefässe (ἠχεῖα) aufgestellt, über deren Oertlichkeit man aber in Ungewissheit ist, während die Schauspieler selbst zu dem gleichen Zwecke Gesichtsmasken mit trompetenförmiger bald mehr bald minder grosser Mundöffnung, die in der Komödie oft fratzenhaft verzerrt waren, trugen. Um ihre Gestalt auch den entfernter stehenden Zuschauern nicht allzuklein erscheinen zu lassen, bedienten sie sich des Kothurn's, eines Schuhs von verschiedener, bis zu einem Fuss sich erhebender Höhe. Ebenso wurde der Kopf mit einer Art Perücke übermenschlich vergrossert und Leib und Brust entsprechend gepolstert und ausgestopft.

Das Eintritts-Geld, wofür man bronzene Theater-Marken erhielt, betrug in Athen zur Zeit des Perikles 2 Obolen = 2½ Groschen, für bessere Plätze bezahlte man bis zu einer Drachme (etwa 1 Franc).

Die grossartigsten Theater befanden sich zu Athen, Epidaurus, Aegina, Megalopolis, Argos, Sicyon, Antiochia, Alexandria, Syracus, Egesta, Rom.

Die auf Tafel 54 befindliche Abbildung ist dem Werke des gelehrten Architekten Strack in Berlin: Das altgriechische Theater-Gebäude. Berlin 1842, entnommen und stellt uns das von demselben restaurirte Theater zu Egesta in Sicilien vor. Wir sehen darauf A. den Zuschauer-Raum, B. den Tanzplatz des Chores, die Orchestra, C. die Bühne, D. den Altar (θυμέλη), E. den mit Sand bestreuten Boden (κονίστρα), F. die Treppen, welche zu dem aus Balken und Brettern zusammengefügten Gerüste vor der Scene, der Orchestra im engeren Sinn, hinauf führten.

55. Chor.

Unter Chor (χορός) verstanden die Alten zunächst eine grössere oder kleinere Zahl von Personen, die bei feierlichen religiösen Aufzügen singend oder tanzend auftraten, insbesondere aber in der griechischen Tragödie diejenigen Bühnen-Mitglieder, welche das Publikum durch Gesang unterhielten, wenn die eigentlichen Schauspieler ausruhen mussten oder sich von der Bühne entfernt hatten, um sich auf eine neue Rolle vorzubereiten. Der Chor trat in der Tragödie bald tröstend, bald mahnend oder warnend auf, und nahm an dem, was die handelnden Personen des Drama's begannen, keinen thätigen Antheil. In den Zwischen-Akten, wo die eigentliche Handlung ruhte, trat er in der Regel in zwei Halb-Chören vor- und rückwärtsschreitend auf der Orchestra auf und recitirte lyrische Stücke, wodurch er auf die handelnden Personen einzuwirken suchte. Die Zahl der zum tragischen Chor gehörigen Personen war ursprünglich willkürlich, Aeschylus beschränkte dieselbe auf 14 und weniger als 12 erschienen nicht leicht. Von Euripides an setzten die Tragiker den Chor ausser Verbindung mit der Haupthandlung. Die Aufstellung des Chores, der unter der Führung eines Choregen (χορηγός, κορυφαῖος) auftrat, war eine sehr kunstvolle und seine Bewegung bei Tanz und Gesang eine mannichfaltige. Sein Auftreten auf der Orchestra hiess πάροδος, sein Abtreten μετάστασις und sein Wiederauftreten ἐπιπάροδος. Seine Gesänge (στάσιμα, Standlieder, und κομμοί, zerfällte Gesänge) trug er unter Flötenbegleitung vor. Die Strophen wurden von den Halbchören, der Refrain (ἐφύμνιον) vom ganzen Chore recitirt. Oft schloss der Chor die ganze Handlung, um den Eindruck derselben in den Herzen der Zuhörer zu heben und zu verstärken.

Der auf unserer Tafel abgebildete Chor bildet ein Wandgemälde in einer Grotte zu Cyrene und stellt nach Einigen einen doppelten Agon von Auleten und Kitharöden im vollen Kostüm, nach andern eine ganze Apollinische Panegyris oder einen Festchor lorbeerbekränzter Priester, Sänger und anderer Theilnehmer an der Versammlung mit Cithern und Flöten in feinen Kleidern und mit aller Ausstattung einer religiösen Handlung vor. Schon wegen des Platzes, den das Gemälde in der Necropolis von Cyrene einnimmt, ist es als Darstellung feierlicher Leichenspiele anzusehen. Rechts vom Beschauer auf der 2. Reihe unserer Tafel sieht man 3 tragische Schauspieler in reichen Gewändern und zu ihnen gehörende nur mit einem gegürteten Gewand bekleidete Choreuten; dann kommen Sänger und Musiker, hierauf 2 Diener, die an einem von einem Schwane getragenen Tische beschäftigt sind, auf und unter welchem je zwei Gegenstände von schwer zu ermittelndem Bestande liegen, die aber wohl ebenso wie die auf dem ersten Tische rechts befindlichen Lorbeerkränze und Palmzweige als Preisgaben anzusehen sein dürften. Die zwei letzten Figuren, mit pallium und soccus angethan, scheinen weder Schauspieler zu sein. Die Postamente, auf denen die Tragöden rechts stehen, sollen wohl den Sohlen-Unterbau des Kothurns ersetzen. Was den Chor selbst anbelangt, so fällt zunächst die Siebenzahl der Choreuten auf, sowie der Umstand, dass die tragischen Choreuten den Personen in den beiden Musikchören in Betreff der Bekränzung und des Costüms ganz gleich sind. Bei den Musikern sind 2 Hauptgruppen zu unterscheiden. Jede besteht aus 3 Personen ausser dem Chor. Ausserhalb der Gruppe sieht noch ein Musiker mit einem reicher besaiteten Instrument, der wohl als Dirigent des Ganzen zu betrachten ist. Was den Ort betrifft, wo die Darstellung vor sich geht, so ist wohl an die Gegend unmittelbar am Grabe zu denken, so dass die Thüre links als Eingang zum Grabe selbst anzusehen sein dürfte.

56. Theater-Scene.

Von allen Denkmälern, die uns Theaterscenen vor Augen führen, sind aus der Tragödie nur wenige auf uns gekommen, destomehr aber solche mit Darstellungen aus dem Satyrspiel und der älteren Komödie. Eine solche Komödien-Scene stellt uns die nach einem Wandgemälde in Pompeji gezeichnete Abbildung unserer Tafel 56 dar. Der links stehende riesige Schauspieler stützt sich auf eine Lanze, trägt eine (weisse) tief und trotzig in die Stirn hineingedrückte Mütze, eine hochangegürtete (weisse) Tunica und (weisse) anliegende, bis unter die Sohle herabhängende Beinkleider. Um seine linke Schulter ist ein (violetter) Mantel geworfen. Ohne Zweifel ist es der militärische Prahlhans der alten Komödie. Der kleine (weissangezogene) Schauspieler ihm gegenüber in kurzer Tunica und kleinem Mantel scheint nach seiner gebückten Haltung und dem spöttisch-schlauen Ausdruck seiner Maske ein Parasit zu sein, welcher in tiefer Devotion etwas erzählt, dem der andere in vornehmer Herablassung zuhört. Die beiden hinter ihnen stehenden Personen sind vermuthlich blosse Statisten (κωφὰ πρόσωπα). Ob der Maler eine Scene aus dem Miles gloriosus des Plautus, oder aus dem Eunuchen des Terenz den Kriegsmann Thraso mit dem Schmarotzer Gnatho darstellen wollte, möchte schwer zu entscheiden sein. Auf beiden Seiten der Bühne sitzen die an ihren Stäben leicht zu erkennenden Rhabdophoren, die Theaterpolizei der Alten.

praecinctio führte. Eine Treppe zur Rechten der Sitzstufen bei M führte auf die dritte praecinctio, wo die Frauen und das niedere Volk sassen. Auf ihr standen auch die Ständer, die die Zeltdecke über dem Zuschauerraum (velarium) trugen. Der Zuschauerraum, oder das theatron, bildete nicht, wie bei dem eigentlich römischen Theater einen Halbkreis, sondern hatte die Gestalt eines Hufeisens mit einem Durchmesser von 216 rhein. Fussen. Die 29 durch 2 Gänge in 3 Etagen geschiedenen Sitzstufen waren aus parischem Marmor gefertigt. Die Gänge selbst wurden durch 6 Treppen zu 5 keilförmige Abtheilungen L. L. L. abgetheilt. Zwei besondere Seitenabtheilungen fanden sich zunächst der Scene über den gewölbten Seiteneingängen des Theaters. Da man in der einen derselben einen kurulischen Stuhl vorfand, lässt sich schliessen, dass dieselben für die höchsten Staats- oder Municipal-Beamten bestimmt waren. Der erste Rang (ima cavea) hinter dem freien Raume A bestand aus 5, der zweite aus 20, und der dritte aus 4 Sitzstufen. Im oberen Theile des Gebäudes, aber ausserhalb des Halbkreises, stand ein Thurm II, der ein Wasserreservoir bildete, dessen Wasser zum Besprengen des Theaters diente. Im Mittelpunkt der Orchestra findet sich B ein Piedestal des Altars (Thymele). Das Proscenium oder die Vorbühne erstreckte sich von CC bis DD. Es hatte einen hölzernen Fussboden (pulpitum, *logeion*), auf dem sich die Schauspieler bewegten, und unter welchem sich die Donnermaschine, sowie die Versenkungen für den Vorhang und die Erscheinungen der Abgeschiedenen befanden. Die eigentliche Scene des pompejanischen Theaters hat eine Breite von 76 rhein. Fussen. Man sieht noch die 3 gewöhnlichen Eingangsthüren (s. Theater von Egesta) EEE. Hinter der Scene war das Postscenium H, das in kleine Logen zur Vorbereitung für die Schauspieler abgetheilt war. Hinter dem Postscenium endlich befand sich ein Hof F, in dem sich die Schauspieler aufhielten und in den man auf einer geneigten Ebene hinabstieg.

58. Alexanderschlacht.

Am 14. October 1831 wurde bei Ausgrabungen in Pompeji in der sogenannten Casa del Fauno ein Mosaikboden entdeckt, der alles, was in dieser Art aufgefunden worden ist, an Farbenpracht, Schönheit, Wahrheit und Lebendigkeit der Darstellung übertrifft und seitdem er im Museo Borbonico zu Neapel aufgestellt und der allgemeinen Betrachtung zugänglich ist, gleichmässig die Bewunderung der Künstler und Kunstgelehrten erregt. Das Bild hat eine Höhe von 11 Fuss, eine Breite von 20 Fuss und die Figuren sind darauf etwa in ¾-Lebensgrösse abgebildet. Es ist kein Zweifel, dass dasselbe eine Perserschlacht darstellt und zwar die Schlacht bei Issus (333 v. Chr.) im Wendepunkte der Entscheidung. Schon mehrere der persischen Edlen, die sich zum Schutze ihres Königs um seinen Kriegswagen aufgestellt haben, sind gefallen, in gewaltigem Choc stürmen die macedonischen Schaaren heran, allen voran ihr Heldenkönig auf seinem gewaltigen Bucephalus. Im Eifer der Schlacht, beseelt von dem Verlangen, den Perserkönig selbst im Kampfe zu erreichen, achtet er es nicht, dass ihm der Helm vom Haupte gefallen ist, der neben ihm auf dem Boden liegt. Schon ist einer der edelsten Perser, den wir an seiner Kleidung als Oxathres, den Bruder und Feldherrn des Darius erkennen, mit seinem durch einen macedonischen Wurfspiess verwundeten Pferde gestürzt. Vergeblich ist einer seiner Getreuen vom Pferde gesprungen, um es seinem Herrn, in welchem er die einzige Stütze und letzte Hoffnung des geschlagenen Königs und Heeres sieht, zur Flucht anzubieten; denn noch ehe er sich von seinem Pferde losmachen kann, hat ihn Alexander mit einem Stoss seiner Sarissa durchbohrt. Krampfhaft fasst Oxathres mit der Rechten den Speer, während er die Linke in die Höhe hält, als wolle er einen zweiten Stoss, der von einem andern Macedonier nach ihm geführt werden will, abwehren. Wie gelähmt über den Anblick des Schrecklichen, das neben ihm vorgeht, steht der Reiter mit hochaufzuckender Lippe, mit aufgerissenen Augen und Todtenblässe auf Stirn und Wangen. Hinter dem Wagen des Königs fliehen die Perser mit auf die Schultern gelegten Lanzen. Auch die Reiter vor dem Wagen des Königs, die schon mit ihm zur Flucht geneigt sind, richten ihre Blicke noch auf einen Augenblick nach dem Schauplatz der schrecklichen That. Der König selbst aber bei dem Anblick des Schicksals seines Bruders »wendet sich«, wie Welker sagt, »auf seinem Wege um, sieht die Rettung mit dem Rücken an, vergisst sich und die Schlacht über dem Gefühl und der Pflicht eines Königs und eines Bruders gegen den sinkenden Feldherrn und Beschützer und streckt den Arm nach seinem Getreuen aus. Dieser Arm begleitet eine Rede und die Worte des Erhabenen, die das Getümmel verschlingen würde, sind im Bilde vernehmlich und geben ihm eine Grösse, wodurch das Grausenhafte der Scene gemildert und die fürchterliche physische Gewalt des Augenblicks wie von einem Genius der Kunst gezügelt wird.

dem Sieger, der in ruhiger fester Haltung vordringt und nun nahe daran ist, die Drohung wahr zu machen, die er ausgesprochen haben soll, den Darius in der Schlacht selbst zu tödten, wird durch diese königliche Haltung und menschliche Grösse ein so gutes Gegengewicht gegeben, dass das Mitleid nicht weniger als die Furcht sich vereinigt durch die Kunst, ja dass der Unterliegende eigentlich als der Sieger erscheint. Indem die Entscheidung der Schlacht in ihrem rechten Mittelpunkte klar vor uns liegt, und die eingreifenden, malerisch so kräftigen Einzelheiten in einfacher, weise gewählter Mannichfaltigkeit sich vor unsern Blicken ausbreiten, weiss doch die magische Gewalt des grossen und schönen, so würdig und ansprechend ausgeführten Gedankens Sinn und Theilnahme überwiegend an sich hin. – cfr. Welker, kl. Schriften III, S. 460–475.

Ein solches Bild der Schlacht bei Issus soll eine Aegyptierin, Helena, Timons Tochter, gemalt haben und dieses Gemälde soll unter Vespasian nach Rom gekommen sein. Es ist wohl anzunehmen, dass die pompejanische Mosaik eine Copie jenes Bildes gewesen ist. Ob auch die Mosaik-Arbeit selbst von einer Frau und zwar eben von jener Aegyptierin Helena herrühre, wie Einige aus den in den Borten des Gemäldes angebrachten Flusspferden, Crocodilen, Ichneumon und Ibissen schliessen wollen, womit die Künstlerin an ihre Heimath würde erinnert haben, möchte schwer zu entscheiden sein. cfr. Gervinus, kl. hist. Schriften VII. S. 435 sqq. Müller, Gött. gel. Anz. 1834. S. 1161 sqq.

59. Römische Soldaten auf dem Marsche.

Tafel 59 zeigt uns eine Abtheilung römischer Soldaten auf dem Marsche. Da den röm. Soldaten nur das schwere Gepäck (impedimenta) auf Wagen nachgeführt wurde, das leichtere aber (sarcinae), wie Brod, Mehl, Kochgeschirre etc., von ihnen selbst getragen werden musste, so waren die Märsche für dieselben sehr beschwerlich. Seit Marius war es darum den Legions-Soldaten gestattet, die Sarcinae, die oft 60 Pfd. wogen, an einer Stange oder Gabel (furca), die nachher mulus Marianus hiess, zu tragen. Die Kleidung und Bewaffnung der röm. Soldaten war je nach ihrem Rang und ihrer Waffengattung verschieden. Der Feldherr trug als besondere Auszeichnung einen purpurnen Mantel (paludamentum) und einen elfenbeinernen Stab; die Kriegstribunen (tribuni militum) einen Dolch (pugio) am Gürtel (parazonium) und einen goldenen Fingerreif (annulus aureus). An ihrer Tunica hatten sie, je nachdem sie dem ritterlichen oder senatorischen Rang angehörten, einen schmalen oder breiten Purpurstreifen, woher sie tribuni angusticlavii und tribuni laticlavii hiessen. Die Centurionen trugen auf dem Helm einen silberdurchwirkten Busch und in der Hand einen Rebenstock (vitis), mit dem sie die körperlichen Strafen an den Soldaten vollzogen. Für besondere Waffenthaten erhielten sie wohl auch grosse Medaillons aus edlen oder unedlen Metallen, die sie über ihrem Panzerhemd angeheftet trugen (s. Taf. 60). Die röm. Ritter trugen als Insignien die Tunica mit schmalen Purpurstreifen, einen goldenen Ring und ein weisses mit Purpur besetztes Reitkleid. Der Legionssoldat trug einen Helm, den er auf dem Marsche gewöhnlich an der rechten Brust hängen hatte, einen Panzer für Brust und Rücken, Beinschienen, den Schild (scutum), 2 Pila, ein leichteres und ein schwereres, und das (spanische) fast handbreite Schwert. Die Leichtbewaffneten (velites, funditores, jaculatores) waren in der Regel ohne Helm und Harnisch, nur mit einer Feldkappe, einem leichten Schild, leichten Wurfspiessen oder Schleudern versehen.

Das Feldzeichen der römischen Legion war der Adler (aquila) aus getriebenem Silber oder Gold, in späterer Zeit aus Erz, in der Grösse einer Taube, zuweilen mit einem Fähnchen (vexillum) oder sonstigen Zierathen (Federn, Perlenschnüren u. dgl.) versehen. Auch die Cohorten und Manipeln hatten ihre besondern Feldzeichen, auf denen oft die Zahl der Cohorte und der Legion, sowie der Name des Imperators angebracht war.

Die Märsche des Heeres waren entweder itinera justa von 6–7 Stunden oder itinera magna (Eilmärsche) von 8–9 Stunden täglich, zuweilen itinera maxima (forcirte Märsche), an denen noch mehr Stunden zurückgelegt wurden.

60. Allocutio vom Suggestum.

Vor dem Beginn der Schlacht oder auch wenn der Feldherr aus irgend einem andern Grunde eine Ansprache an die Soldaten halten wollte, wurde eine Erhöhung aus Erde aufgeschüttet (suggestus oder suggestum), die zuweilen, um ihr festern Halt zu geben, namentlich in den castra stativa, untermauert wurde. Um diese Erhöhung sammelte sich auf ein Signal mit der Tuba die Soldaten-Gemeinde und von ihr aus richtete der Imperator Worte der Ermahnung, wohl auch des Tadels oder der Belobung an das versammelte Heer. Auf unserer Abbildung erblicken wir den Imperator, umgeben von seinem Stab, einem Legaten, zwei Kriegstribunen und einem Centurio. Im Hintergrunde steht ein Stille und Ordnung haltender Lictor.

61 und 62. Geschütze, Belagerungs-Maschinen, Waffen.

Die Geschütze der alten Griechen und Römer zerfallen in zwei Hauptgattungen, die Catapulten (*καταπέλται*) und Balisten, von denen die ersteren wieder mehrere Unterabtheilungen hatten. Die Construction sämmtlicher Geschütze beruhte auf dem gleichen Princip, indem von denselben die Geschosse durch die Kraft straff angezogener elastischer Körper geschleudert wurden. Der Haupt-Unterschied beruhte also nur auf der Art dieses Wurfes, der bei den Catapulten in horizontaler oder schräger, bei den Balisten in bogenförmiger Richtung meist unter einem Winkel von 45° geschah. Die Alten theilten hienach selbst ihre Geschütze in solche mit gerader Spannung (*ὄργανα εὐθύτονα*) und in Geschütze mit Winkelspannung (*ὄργανα παλίντονα*), auch *πετροβόλοι, λιθοβόλοι*, weil insbesondere steinerne Geschosse mit ihnen geschleudert wurden). Die ersteren, die Katapulten, hatten ein Gewicht von 80—600 Pfd. und ihre Herstellung kostete circa 480 Drachmen = 128 Thlr. Die Balisten wogen zwischen 50 und 200 Ctr. und ihr Werth stieg bis zu 2000 Drachmen = 530 Thlr. Je nach dem Kaliber, d. h. je nach der grösseren oder geringeren Schwere der Stein- oder Pfeil-Geschosse, die mit denselben geschleudert wurden, waren diese Geschütze bald grösser, bald kleiner, zum Theil so klein, dass sie, wie der Bauchspanner (*γαστραφέτης*) von einem Soldaten gehandhabt werden konnten. Die kleinsten Catapulten schossen Pfeile (zuweilen Brand-Pfeile, malleoli, falarica, διοι [illegible]) von 36" Länge und ¾" Durchmesser; die grössten Pfeile von 4' 5" Länge und 1⅔" Durchmesser. Die kleinsten Balisten warfen Kugeln oder Steine von 9 Pfd., die grössten von 162 Pfd. Gewicht. Um die Mitte des 3. Jahrhunderts v. Chr. wurden, wie man annimmt, zuerst die Maſse für die einzelnen Geschütze mathematisch festgestellt. Allmählig wurden auch, da die zu den Spann-Armen verwendeten Stricke, dem Einfluss der Witterung ausgesetzt, eine höchst ungleiche Wirkung der Geschosse veranlassten, mancherlei Verbesserungen, namentlich durch Anfertigung federnder Metall-Arme angebracht. Ueber Grösse und Beschaffenheit der Geschosse finden sich in den alten Kriegsschriftstellern wenig genaue Angaben und doch war auch hier eine nicht unbedeutende Präcision nöthig, insbesondere musste dem Schwerpunkt des Geschosses die richtige Lage gegeben werden. Die grösste Schussweite und beste Treffähigkeit wurde nach neueren Versuchen, die man durch Nachbildung der alten Wurfgeschosse anstellte, erzielt, wenn der Schwerpunkt hinter der Mitte des Geschosses lag. Die Entfernung, auf die mit Catapulten geschossen werden konnte, betrug zwischen 600—1200', ja sogar auf eine Entfernung von 2100' soll zuweilen geschossen worden sein. Die Wurfweite der Balisten war in der Regel zwischen 376 und 1000 Schritten (1½—4 Stadien). Die Bedienungs-Mannschaft der Geschütze hiess Balistarii oder Libratores. Die Haupttheile der auf unserer Tafel abgebildeten Catapulte sind 1) das Obergestell mit dem Mechanismus zum Fortschleudern der Geschosse, 2) das Untergestell, das jenem zur Grundlage diente. Das erstere zerfällt a) in den Spannkasten oder die Kammer (*πλαίσιον*) AA und b) in die Pfeilbahn (*σύριγξ*) BB. Der Spannkasten besteht aus den Kaliberträgern a und b (*περίτρητα*, Parallel), den 4 vertiralen Ständern c d e f, von welchen die beiden äussern *παραστάται*, die beiden innern *μεσοστάται* (parastatae mediani) hiessen, ferner den elastischen Spannnerven (aus Thier- oder Frauenhaaren) gg (*Τόνοι*) mit den beiden Bogenarmen hh (*ἀγκῶνες*, brachia) und der Bogensehne (*τοξῖτις*). Zwischen den beiden Mittelständern (*μεσοστάται*) befindet sich die Pfeilbahn l (*σύριγξ*) mit dem Läufer m (*διώστρα*) und dem Schloss (*χελώνιον*) o zum Abdrücken der gespannten Bogensehne.

Die Balisten bestehen aus 4 Haupttheilen, 1) den beiden Spannkästen AA BB, 2) der Läuferbahn mit dem Läufer, hier *κλιμακίς* (Leiter) genannt CX, und 3) dem

Untergestell DD. Am Ende der Läuferbahn befindet sich der Krenzhaspel ee zum Anspannen der Bogensehne.

Eine andere Kriegs-Maschine war der Mauerbrecher (aries), der in sehr verschiedenen Grössen angefertigt wurde. Es gab deren, welche von einem oder mehreren Soldaten getragen und namentlich zum Einstossen der Thore einer belagerten Stadt gebraucht wurden, (aries simplex, rudis) und solche, welche bei einer Länge von 60–120' ein Gewicht bis zu 5000 Centnern gehabt und gegen 1000 Mann (ohne Zweifel abwechselnd) Bedienung erfordert haben sollen (?). Ein solcher Aries bestand aus einem (oder mehreren an einander gefügten) Balken, der an seinem vordern Ende mit einem eisernen Widderkopf versehen war, mit dem Bresche in die Mauern gestossen wurde. Gewöhnlich hing der Aries im untersten Stockwerke der Belagerungsthürme (turris ambulatoria, πύργος, ἑλέπολις) oder in einer eigenen Bresche-Schildkröte (χελώνη ἀνορυκτρίς, musculus). Um die Wirkungen des Mauerbrechers zu vereiteln, liessen die Belagerten von der Mauer eiserne Haken (corvi) herab, mit denen sie den Kopf (κεφαλή, cornu) desselben packten und in die Höhe zogen, oder suchte man durch schwere von oben herabgelassene Balken das Kopfende des Widders abzustossen. Mit dem Mauerbrecher verwandt war der zu Unterwühlung der Mauern angewendete Mauerbohrer (terebra muralis).

Um den Mauern einer belagerten Stadt sich zu nähern, wendete man Laufhallen (vineae) an, deren mehrere hinter einander gereiht einen Laufgang (porticus) bildeten. Diese Laufhallen waren ungefähr 16' lang, 10' breit und 8' hoch. Die vorderste derselben war oft mit einem Vordach versehen, hinter dem Schutt und Steine in den Stadt-Graben geworfen wurden. Sie hiess darum testudo fossaria.

Die Schutz-Waffen des röm. Soldaten waren a) der Helm, der entweder von Erz (cassis) oder von mit Erz beschlagenem Leder (galea) war, und auf dem gewöhnlich ein Federbusch von rothen und schwarzen Federn (crista) steckte. b) Der Panzer (lorica), so genannt von lorum (der Riemen), weil der Panzer des gemeinen Mannes aus mehreren über einander liegenden Leder-Riemen bestand, unter denen meist noch eine eiserne Platte zum Schutz der Brust sich befand. Die Vornehmen trugen oft aus Ringen zusammengesetzte (loricae sertae und hamatae) oder aus über einander liegenden Schuppen gefertigte (squamatae) Panzer. c) Die Beinschienen (ocreae), mit Filz gefüttert und in spätern Zeiten nur am rechten Fuss getragen. d) Der Schild (scutum), 4' hoch, 2½' breit, aus Holz mit Rindshaut überzogen und am Rand mit Metall beschlagen, in der Mitte mit dem Buckel (umbo) versehen.

Zu den Angriffswaffen gehörten a) das kurze, etwa 2' lange, fast handbreite, zweischneidige und spitzige Schwert (gladius hispanicus), vom Soldaten an dem Wehrgehänge (balteus) über die Schulter, seltner an einem Gürtel (cingulum) auf der rechten Seite (von den Offizieren, die keinen Schild trugen, auf der linken Seite) getragen. b) Der Speer (pilum), deren die röm. Soldaten je zwei, einen leichteren und einen schwereren trugen. Schaft und Speereisen hatten je eine Länge von 4', doch so, dass das an der Spitze gestählte Eisen, das oft mit Widerhaken versehen war, zur Hälfte über den Schaft hergezogen und auf einer Seite mit Nägeln befestigt war.

63. Triumphzug.

Triumphus hiess im Rom der festliche Einzug, der einem Feldherrn (Dictator, Consul, Praetor etc.) für glückliche Waffenthaten, z. B. für eine in seinem Amtsbezirk (provincia) gewonnene Schlacht, bei der mindestens 5000 Feinde erschlagen wurden, insbesondere für einen glücklich beendigten Krieg vom Senate bewilligt wurde. Der Feldherr, der die Bewilligung eines Triumphes erwartete, versammelte seine Truppen gewöhnlich ausserhalb der Stadt, am Tempel des Apollo und der Bellona auf dem Marsfelde. War der Triumph auf den Grund der vom Quaestor urbanus geprüften Angaben genehmigt, so kamen an der Porta triumphalis auf dem Marsfelde der Senat, die Beamten und Bürger bekränzt und in Festkleidern dem Triumphator entgegen und eröffneten den Triumphzug, der dann durch die Porta Carmentalis in die Stadt über das Forum boarium in den Circus maximus und von da über das Forum und die Sacra via auf das Capitol ging. Die Ordnung, die der Zug einhielt, war folgende: Voran zogen die Magistrate und der Senat, dann kamen die tubicines, die erbeuteten Waffen, Feldzeichen, kostbare Gefässe, gemünztes und ungemünztes Gold und Silber, erbeutete Kunstschätze und Naturprodukte aus den eroberten Ländern, Abbildungen von Flüssen, eroberten Städten u. dgl., entweder auf Wägen geführt oder von Soldaten getragen, Kriegs-Maschinen, dann die weissen Opferstiere mit vergoldeten Hörnern, die vornehmen Kriegsgefangenen, Kriegs-Elephanten, hierauf die Lictoren mit lorbeerumwundenen Fasces in den Händen, endlich der Triumphator auf einem mit 4 weissen Rossen bespannten Wagen. Neben ihm standen zuweilen seine Kinder oder nächsten Verwandten. Der Triumphator trug eine gestickte Toga (toga picta oder palmata), in der Hand einen elfenbeinernen Stab (sceptrum) mit einem Adler geziert und einen Lorbeerkranz. Ein hinter ihm stehender Staatssclave oder eine auf dem Wagen angebrachte Siegesgöttin hielt einen goldenen Kranz über seinem Haupte. Dem Wagen folgten die Legaten und Tribunen zu Pferd und zuletzt kam das Heer mit seinen Decorationen [Armbändern (armillae), Halsketten (torques), Medaillons (phalerae), Kettchen (fibulae oder catellae), Lanzen ohne Spitze (hastae purae) Fahnen (vexilla) und Ehrenkränzen (coronae)] geschmückt und bald »io triumphe« rufend, bald Lob- oder Spott-Gedichte (carmina ludicra) auf den Feldherrn und andere Führer singend. Im Jupitertempel auf dem Kapitol legte der Triumphator seinen Lorbeerkranz auf den Schoos des Gottes nieder, worauf das feierliche Opfer folgte. Gewöhnlich dauerte der Triumph nur einen Tag, der des Sulla dauerte 2, der des Aemilius Paullus 3 Tage.

Für minder bedeutende Waffenthaten bewilligte der Senat die Ovatio, bei welcher der Triumphator zu Fuss oder zu Pferd in der Toga praetexta und einen Myrthenkranz auf dem Haupte in die Stadt einzog. Von Romulus bis auf Vespasian zählte man 320, und später noch 30 Triumphe.

Der auf unserer Tafel 63 abgebildete Triumphzug ist eine freie Composition mit Benützung der im Titusbogen (s. Taf. 27) in Rom befindlichen Reliefs, weshalb unter den Beutegegenständen sich auch die Tempelschätze Jerusalems, der 7armige Leuchter, der Schaubrodtisch, die silbernen Trompeten zum Verkünden des Jubeljahres, der Kasten mit den heiligen Schriften etc. befinden.

64. Seewesen.

Die Schiffe der Alten zerfielen hauptsächlich in Kriegs-Schiffe (νῆες μακραί, naves longae), Kauffahrtei- und Transport-Schiffe (naves mercatoriae, onerariae, ὁλκάδες). Im Wesentlichen waren die Schiffe der Griechen, Römer und Karthager gleich eingerichtet. Die gewöhnlichen Kriegsschiffe waren Dreiruderer (triremes, τριήρεις), in der Regel Zwei-Master mit 200 Ruderern. Statt dieser bauten die Karthager und Römer später die grösseren Tetreren und Penteren. Die Reihen der Ruderbänke waren in der ganzen Länge des Schiffes übereinander angebracht, so dass also eine Pentere deren 5 übereinander hatte. Nach Polybios (I. 26, 7) hatten die Penteren der Karthager und Römer im 1. pun. Krieg 300 Ruderer und 120 Seesoldaten. Lysimachus hatte einen Achtruderer mit 1600, und Ptolemäus einen 40-Ruderer mit 4000 (?) Ruderer. Den Takt für die Ruderer gab der κελευστής (pausarius, hortator) mit der Flöte. Der Steuermann (κυβερνήτης, gubernator) sass am Hintertheile des Schiffes am Steuerruder (πηδάλιον, οἴαξ, gubernaculum), der Untersteuermann (πρῳρεύς) am Vordertheile desselben. Das Vordertheil der Schiffe lief spitzig zu, um die Wogen leichter durchschneiden zu können, das Hintertheil war höher als das Vordertheil und mit Verzierungen (aplustria) versehen. Ausserdem hatte jedes Schiff, gewöhnlich am Hintertheil, ein Sinnbild (παράσημον). Am Vordertheil waren Bilder von Göttern, Heroen u. dgl. angebracht, wovon die Schiffe ihren Namen z. B. Apollo, Remus, Aquilo u. s. w. führten. Ueber dem Bauch, dem Hinter- und Vordertheil des Schiffs lag das Verdeck (tabulatum, καταστρώματα), auf dem die Seesoldaten beim Beginn des Kampfes standen. An einer Raae war ein Band als Wimpel angebracht. Die Kriegsschiffe führten am Vordertheil einen Schnabel (ἔμβολος, rostra) aus Metall, (nach Plin. 7, 16, 51 von dem Tyrrhener Pisaeus erfunden), oft deren drei über einander (τριέμβολος, rostrum tridens) um die feindlichen Schiffe in den Grund zu bohren, am Hintertheile des Schiffes hingen die Anker, die Anfangs einzahnig waren. Die Erfindung des zweizahnigen Ankers schrieb man dem Scythen Anacharsis zu. Der grösste von den Ankern im Schiffe, der nur in der äussersten Noth gebraucht wurde, hiess ἱερά, sacra, daher die sprichwörtliche Redensart: ad sacram ancoram confugere, sacram ancoram solvere — das Letzte, Aeusserste versuchen. Der Bau der Schiffe erfolgte auf den Schiffswerften (navalia). Hauptstationen für die römische Flotte waren Misenum in Unter-Italien, Ravenna, Cyzikus, Byzanz (classis pontica) und Alexandria. Auch auf dem Rhein und der Donau hatten die Römer Flotten. Den Dienst auf den Flotten hatten in der Zeit der Republik Sclaven und Freigelassene, auch die Bundesgenossen mussten Ruderer und Matrosen stellen, die daher später im Allgemeinen socii navales hiessen. Die Admirale hiessen duumviri navales oder praefecti classis. In der Schlacht suchte man entweder durch schnelles Vorbeifahren den feindlichen Schiffen die Ruder zu knicken (remos detergere) oder mit an langen Stangen befestigten Sicheln ihnen das Takelwerk zu durchschneiden, so dass sie umschlugen, oder sie durch die Rostra in den Grund zu bohren, oder durch Enterhaken (harpagones, manus ferreae) heranzuziehen, um mittelst der Enterbrücken (corvi) auf die feindlichen Verdecke hinüberspringen zu können. Ueber die Dauer der Seeschlacht war am Mast des Admiralschiffs (navis praetoria) ein vergoldeter Schild und eine rothe Flagge ausgehängt. Wurden diese Gegenstände herabgelassen, so galt dies als Signal zum Rückzug. Für auf der See errungene Erfolge erhielt der Feldherr einen triumphus navalis oder die corona navalis oder rostrata, classica. Eine Gattung leichter Schiffe von eigener Bauart waren die celoces, lembi, so wie die liburnae, welch letztere als Schnellsegler bekannt waren und deren sich namentlich die Liburnischen Seeräuber bei ihren Raubzügen auf dem jonischen Meere bedienten.

Unsere Tafel zeigt ein pompejanisches Wandgemälde, auf welchem ein Kriegshafen mit seinen einzelnen Bauten, sowie eine Anzahl Kriegs- und Transportschiffe zur Anschauung gebracht sind.

65. Ein Grieche.

Die auf Tafel 65 abgebildete Statue gehört zu den schönsten, die bis jetzt aus den Ruinen von Herculaneum und Pompeji zu Tage gefördert worden sind und überhaupt nach Canova's Zeugniss zu dem Vortrefflichsten, was die bildende Kunst je geschaffen hat. Sie galt früher allgemein für eine Statue des Griechen Aristides, welcher Name (Aristide Ercolano) auch auf dem Piedestal angebracht ist, und erst in neuerer Zeit wurde sie als eine Statue des Aeschines festgestellt. Das Gesicht des Redners von spärlichem Haupthaar, dagegen von einem starken Barte bekränzt, zeigt eine fast jugendliche Frische; die Haltung des Körpers ist eine durchaus ruhige und doch zugleich imponirende und scheint den Redner darzustellen, wie er jeden Augenblick aus dieser Ruhe heraustreten könnte, wenn der Gegenstand der Rede eine verdoppelte Energie erfordern sollte. Bekleidet ist er mit dem Himation, auf dessen kunstgerechte Fältelung die Athener grossen Werth legten, indem sie aus der geschickteren oder ungeschickteren Weise, mit der dies Kleidungsstück umgeworfen wurde, die feinere oder rohere, wohl auch nicht griechische Sitte des Trägers erkannten. Das Himation war ein oblonges Stück Tuch.

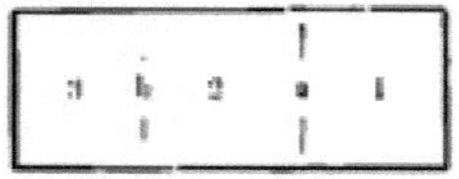

Beim Umnehmen desselben legte man den Theilungspunkt a auf die linke Schulter, so dass Theil 1 auf der linken Vorderseite des Mannes herabfiel und sie bedeckte. Theil 2 wurde von der linken Schulter schräg über den Rücken auf die rechte Hüfte hinabgeführt und von da sich um die Figur umschlagend wieder schräg aufwärts über die Brust nach der linken Schulter zu, auf welcher dann der Theilungspunkt b zu liegen kam und den Punkt a bedeckte. Der dritte Längentheil 3 wurde dabei über diese linke Schulter hinweg wieder auf den Rücken der Person geworfen, wo er senkrecht von der Achsel herabfiel. Gewöhnlich legte man nur den dritten Theil desselben horizontal über die vordere Ansicht des Leibes weg auf den im rechten Winkel gehaltenen linken Unterarm (wie dies an vielen Figuren des Parthenonfrieses zu sehen ist), oder man zog das Tuch quer über den Nacken von der linken zur rechten Schulter und liess es von der Höhe der letzteren dicht am Halse senkrecht herabfallen: dann wurde es mit der rechten Hand gefasst, um den im rechten Winkel gehaltenen rechten Arm geschlungen oder nach Art einer Binde herum gelegt. Endlich fasste die rechte Hand wieder die ganze noch freie Masse des Gewandes selbst und schlug sie um die linke Schulter, wie dies auch bei unserer Figur der Fall ist. Wenn das Himation anständig angelegt sein sollte, musste es weit unter die Knie hinabfallen. Ueber der rechten Hand unserer Statue zeigt sich das Untergewand (χιτών), das in der Regel aus Wolle gefertigt und bald ohne, bald mit Aermeln, bald nur mit 2 Armlöchern versehen war. An den Füssen trägt sie Halbschuhe (σάνδαλα), die mit über die Zehen laufenden Riemen befestigt sind.

66. Eine Griechin.

Die Kleidung der griechischen Frau bestand im Wesentlichen aus denselben Stücken, wie die des Mannes. Die Hauptstücke waren der χιτών und das ἱμάτιον. Unter den Chitonen unterschied man den dorischen und den jonischen. Der erstere war ein kurzes wollenes Hemd, aus 2 Stücken bestehend, die wenigstens auf einer Seite bis zur Brust zusammengenäht waren, während die die Brust und den Rücken deckenden Theile über den Achseln durch Spangen (πόρπαι, περόναι) zusammengehalten wurde und so von selbst Armlöcher bildeten. Der jonische Chiton war ein weites, faltenreiches, bis auf die Füsse herabfallendes Hemd mit weiten Aermeln. Mit dem Chiton in enger Verbindung stand die διπλοΐς, διπλοΐδιον, eine Schaube, die von beiden Seiten unter dem Arm wegging und auf den Schultern geknöpft bis zum Gürtel flatternd herabfiel und die entweder als selbstständiges Kleidungsstück über den Chiton getragen wurde, oder nur den Ueberschlag desselben bildete. Die Aermel waren völlig geschlossen und hingen als weite, faltige Säcke herab, oder sie waren von der Schulter an oberhalb aufgeschlitzt und durch Spangen zusammengehalten, so dass der Arm durch den Schlitz zu sehen war. Für den dorischen sowohl als für den jonischen Chiton, welch letzterer in der Regel länger war als der Körper, war der Gürtel (ζώνη) wesentlich, über welchem sich durch das Heraufnehmen des letzteren der Bausch (κόλπος) bildete, der mit dem διπλοΐδιον einen parallelen Bogen zu beschreiben pflegte. Zum älteren Kostüm gehörten noch 2 Flügel (πτέρυγες, ἀποπτύγματα), gefältelte, shawlartige Enden, die als besondere Zier der griechischen Frauenkleidung bis unter die Knie herabflatterten.

Auch das Himation (ἐπίβλημα, περίβλημα, gewöhnlich ἀμπεχόνη, ἀμπεχόνιον) der Frau hat im Ganzen dieselbe Form, wie das des Mannes, daher auch z. B. bei ärmeren Eheleuten ein gemeinsamer Gebrauch stattfinden konnte. Die Art des Umwurfs folgte ebenfalls derselben Grundregel, nur ist die Umhüllung und der Faltenwurf in den meisten Fällen reichlicher und vollständiger. Der in frühern Zeiten sehr gebräuchliche Peplos erscheint an den Pallas-Statuen des älteren Styls als ein regelmässig gefaltetes, ziemlich anliegendes Obergewand und war mit dem Obertheil quer über die Brust gewunden und hier zusammengesteckt. Frauen zogen dasselbe häufig über den Kopf, obwohl es auch besondere Schleiertücher, sowie mancherlei Arten von Kopfbinden und Haarnetzen (s. u.) gab.

Die Stoffe, aus denen die Frauen-Kleider bestanden, sind ausser Wolle und Leinen namentlich Byssus (wahrscheinlich Baumwolle) und in späterer Zeit auch Seide (μέταξα, σηρικά). Seidene Gewänder galten, da die Seide theils in Geweben, theils roh in Cocons durch Händler aus dem östlichen Asien gebracht wurde, anfangs ungeheure Preise. Die sogenannten coischen Gewänder waren, da auf der Insel Cos zuerst Cocons abgehaspelt wurden, ohne Zweifel seidne, florartige Gewebe. Die Farbe der Frauenkleider war meist weiss, indess gab es auch farbige, namentlich safrangelbe. Oft waren Verzierungen, besonders am untern Saum eingestickt, eingewoben oder angenäht, auch um den Halsausschnitt liefen oft einfache farbige Streifen. Nicht minder wurden die Gewänder mit Franzen besetzt und an den Zipfeln Quasten angebracht, theils zur Zierde, theils um das Gewand niederzuhalten. Eine andere Art von Verzierungen waren die über das ganze Kleid zerstreuten, eingewebten oder eingestickten Blumen und Sterne etc. Frauenschuhe gab es von verschiedener Art, theils aus Leder, theils aus Filz. Als Sohlen bedienten sich die Frauen gerne einer Lage von Korkholz, um grösser zu erscheinen.

Die Haartracht der Frauen war mannigfaltig. Das lange, reiche Haar war gewöhnlich weder geflochten, noch künstlich gelockt, sondern nach hinten oder über den Scheitel in einen Knoten oder Bündel zusammengefasst und gebunden. Zugleich reichte es ziemlich tief über die Stirn herab. Doch findet sich auch ein sorgfältiger Haarputz, bei dem ein Kranz künstlich gedrehter, besonders im Nacken herabhängender Locken rings um das Haupt geht. Am häufigsten war das Haar durch ein Band (ἄμπυξ) oder haubenartig umgeschlungenes Tuch oder Netz (κεκρύφαλος, σάκκος) zusammengehalten. Die Netze waren aus Gold- oder Silberfäden, wohl auch aus goldgelbem eleischem Byssus geflochten und gestrickt.

Bei den panathenäischen Festen hatten die Frauen das Haar in drei Zöpfe gelegt, die hinter dem Ohr über die Schultern herabfielen, dazu eine Haarschleife auf der Stirn, oder auch am Hinterkopf stufenartige Locken und einen dicken, unten frei liegenden mit Gerstenmehl gepuderten Haarzopf.

Zum Schmucke der Frauen gehörte der Schleier (κρήδεμνον), ein Tuch, das bald vor das Gesicht gezogen, bald zusammengelegt um die Stirn geschlungen wurde, ferner Ohrgehänge, in Form von Oliven oder Maulbeeren (ἕρματα μορόεντα, Il. 14, 183), Armbänder (ἕλικες) wie Schlangen gewunden (Il. 18, 401.), Spangen (πόρπαι, περόναι u.) wie Schildgriffe gearbeitet und durch eine doppelte Röhre geschlossen (Od. 19, 297), Rosetten (κάλυκες) und Halsbänder (ὅρμοι, Od. 11, 326.).

Auch das Schminken war bei den Griechen im Gebrauch. Es geschah entweder mit einem Pinsel oder mit dem Finger. Im Hause schminkte man sich nicht, wohl aber wenn man ausging oder überhaupt gefälliger erscheinen wollte. Die Farben, die man gebrauchte, waren Bleiweiss (ψιμύθιον, cerussa) und rothe vegetabilische Farben (φῦκος, purpurissum etc.)

Die auf Taf. 66 abgebildete Figur, die der Liebling aller Kunstfreunde ist, welche das Dresdener Augusteum besuchen, wurde in Herculanum gefunden und stellt unstreitig eine vornehme Griechin dar. Das feine ionische Gewand, das die Gestalt umfliesst, ist, bei aller Weichheit des Stoffes, in grossem Styl gehalten, das Untergewand scheint von minder feinem Baumwollenstoff zu bestehen, dessen Falten durch den feinen Byssus deutlich hervortreten. Die Figur ist etwas über Lebensgrösse und misst 6 par. Fuss.

67. Ein Römer in der toga praetexta.

Die auf Taf. 67 abgebildete im Augusteum zu Dresden befindliche Figur stellt einen jungen Römer in der toga praetexta dar. Am Halse trägt er eine Bulla, einen Zierrath, der in einer goldnen Kapsel bestand und wahrscheinlich ein Amulet enthielt. Dergleichen Bullae trugen vornehme Knaben, bis sie die männliche Toga anlegten, zuweilen auch Feldherren bei der Feier eines Triumphes. Die Toga, das älteste und früher einzige Kleidungsstück der Römer, von den Etruskern angenommen, bestand aus einem rundlichen Stücke wollenen Zeuges und zwar bildete dieselbe, wenn der Sinus ein- oder umgeschlagen auf der Toga selbst lag und sie so gleichsam verdoppelte, einen Halbkreis (daher hemikyklion) dagegen einen Kreis (daher rotunda) oder vielmehr eine Ellipse, wenn der Sinus aufgeschlagen, d. h. die ganze Toga ausgebreitet war. Die Linie, unter welcher der Sinus und die Toga aneinander genäht waren, scheint eine parabolische gewesen zu sein, da nur bei einem solchen Schnitt der elegante Schluss der Toga möglich war, deren Anlegung überhaupt allerlei künstliche Mittel erforderte. cf. Macrob. Saturn. III. 13, 4. Man unterschied 2 Arten des Umwurfes: die ältere, einfachere und die spätere, mit weiter faltenreicher Toga. Bei der erstern wurde ein Zipfel über die linke Schulter nach vorn geworfen, so dass die runde Seite nach aussen fiel; dann wurde das Gewand hinter dem Körper weg über die rechte Schulter gezogen, so dass der Arm darin wie in einer Binde lag, indem der ganze übrige Theil der Toga über den vordern Theil des Körpers sich hinwegziehend wieder über die linke Schulter geschlagen wurde. Der zweite Zipfel hing nun über den Rücken hinab und der linke Arm wurde von dem darüber fallenden Gewand bedeckt. (Quint. XI, 3. 137 ff.). Schwieriger ist der Umwurf mit der weiten Toga zu erklären. Wahrscheinlich wurde diese zuerst über die linke Schulter geschlagen, nur dass der mit dem Zipfel vorn überhängende Theil viel weiter herabreichte und schon durch diesen Wurf der linke Arm völlig bedeckt war. Dann zog man die Toga hinter dem Rücken weg nach vorn und fasste sie etwa in der Mitte ihrer Weite faltig zusammen, so dass der obere Theil als Sinus herabfiel, der untere Leib und Schenkel deckte. Hiedurch entstand auch der unter dem rechten Arm hervor schräg über die Brust sich ziehende Faltenbausch (umbo). Der übrige Theil wurde sodann über die linke Schulter und den Arm geschlagen, der nun doppelt bedeckt war. An den Zipfeln waren häufig Quasten oder Knöpfe angebracht, die entweder zur Verzierung dienten oder durch ihre Schwere das Gewand niederhalten sollten. Zuweilen wurde auch noch ein Theil des vorn herabhängenden Gewandes unter dem schrägen Faltenbausch hervorgezogen oder es wurde etwas von der Weite des Sinus nach links herübergezogen, so dass es wie ein kleiner Sinus über den Bausch hing. Wer auf künstlichen Faltenwurf besonderen Werth legte, liess schon vor dem Umwurf die Toga in künstliche Falten legen. Auch dünne Brettchen (tabulae) wurden zwischen die Falten gelegt, um ihre Regelmässigkeit zu erhalten, ebenso wurde der künstlich gefaltete Bausch durch Zängchen (forcipes) zusammengehalten, damit die Falten nicht aus ihrer Lage kamen. (Macrob. Sat. II, 2.)

Die Farbe der toga war weiss, weshalb sie pura, vestimentum purum genannt wurde. Freigeborene Knaben trugen bis zum männlichen Alter die mit einem Purpurstreifen verbrämte toga (praetexta), welche auch von den höheren obrigkeitlichen Personen in Rom und den Municipien, sowie von verschiedenen Priestern getragen wurde. Die toga purpurea, zuerst von Caesar getragen, war später eine Auszeichnung der Kaiser. Der Stoff, aus welchem die Togen gefertigt waren, war ursprünglich Wolle und zwar wurde derselbe bald dichter und schwerer (densae, pingues), bald dünner gewoben. cf. Suet. Aug. 82. Quint. Inst. XII. 16. Seidene oder halbseidene Stoffe (vestimenta holoserica und subserica) wurden erst später getragen, immer aber wurden solche seidene Togen wegen ihres hohen Preises als Sache der Verschwendung betrachtet. — Während der Trauer oder im Anklagestand trug man dunkelfarbige Togen (toga pulla, sordida). Triumphatoren hatten mit Purpur durchwirkte oder gestickte Togen (toga purpurea, picta, palmata). cf. Bekker Gall. u. a.

Die sonstigen Kleidungsstücke des Mannes waren die tunica, ein Unterkleid, gleichfalls aus Wollenstoff, aber kürzer als die Toga und mit Aermeln, die jedoch nicht bis an die Ellenbogen reichten; sie wurde durch einen Gürtel zusammengehalten; ferner die paenula, eine Art Mantel, den man bei Regenwetter oder auf Reisen anlegte. Ein ähnliches Kleidungsstück war die lacerna, die gleichfalls über der Toga, oder statt ihrer über der Tunica getragen wurde; endlich die Synthesis, über deren Form jedoch nichts Sicheres feststeht. Jedenfalls war es ein bequemes Kleidungsstück, das besonders bei Tische angelegt wurde, das aber ausserhalb des Hauses zu tragen nur an den Saturnalien und zwar nur bei den höchsten Ständen üblich war. Kopfbedeckung trug man für gewöhnlich nicht; man zog höchstens einen Zipfel der Toga über den Kopf. Auf Reisen oder bei Festspielen trug man Hüte von Filz (pilei). Als Fussbekleidung dienten Sandalen (soleae) und Schuhe (calcei).

68. Eine Römerin.

Zur vollständigen Kleidung einer römischen Matrone gehörten 3 Stücke, die tunica interior, die Stola und die Palla. Die tunica interior (auch indusium, intusium, in späterer Zeit interula genannt) war ein einfaches ärmelloses Hemd, das sich ziemlich eng an den Körper anschloss und desshalb nicht gegürtet zu werden brauchte. Ueber sie wurde ein Busenband (strophium) von feinem Leder gelegt. Ueber die tunica interior wurde die lange und faltenreiche Stola gezogen, eine Tunica mit Aermeln, die den halben Oberarm bedeckte und in Schnitt und Form dem griechischen Frauen-Chiton ähnlich war. Sie war nicht zusammengenäht, sondern oben aufgeschlitzt und die Enden auf beiden Schultern durch Knöpfchen oder Spangen zusammengehalten. Die Stola war länger als die ganze Figur und unter der Brust in einen weiten Faltenbausch aufgegürtet und hatte am unteren Saum oft eine breite oder schmale reichgestickte Falbel (instita), die bis auf die Füsse hinabreichte und dieselben bedeckte. Vornehme Frauen trugen an der Stola oben am Halse einen Purpur- oder Goldstreifen. Wie für die röm. Bürger die Toga, so war für die röm. Matronen die Stola das charakteristische Kleid. Das dritte Kleidungsstück, die Palla, wurde nur beim Ausgehen übergeworfen und die Frauen legten sie mit derselben Sorgfalt an, wie die Männer die Toga. Man liess sie bald mehr, bald weniger tief herabfallen, zuweilen bis auf die Füsse, doch so, dass sie nicht schleppte. Mit diesem Gewande sehen wir auf Bildwerken die Römerinnen auf die mannichfachste Art bekleidet. Es hat entweder vollständig den Schnitt der Toga oder ähnelt es dem griechischen Himation. Am häufigsten sehen wir die der Toga ähnliche Palla an den Porträt-Statuen der Damen des kaiserlichen Hofes. Oft ist ein Zipfel derselben schleierartig über den Hinterkopf gezogen. Statt der letzten Art der Kopfbedeckung findet sich auch ein luftiger, durchsichtiger Schleier (ricinium) oder eine Art Haube (calantica) aus verschiedenen Stoffen (Goldfäden, Seide, Wolle, Byssus) gefertigt. Die Kleiderstoffe waren Wolle oder Leinwand; als besonders feiner Stoff wird Carbasus erwähnt, ein Gewebe aus feinem spanischen Flachs (Battist). Ausserdem trug man schon zu Ende der Republik seidene und halbseidene (holoserica, subserica) buntfarbige Gewänder. Auch Handschuhe (manicae, chirothecae) wurden getragen. (Plin. 3, 5. 15.) Zur Fussbekleidung dienten die Sandalen (soleae) oder Schuhe von grüner oder gelber Farbe mit rothen Bändern oder schmalen Riemen gebunden. Unendlich mannichfaltig waren die Ornamenta muliebria, als Haarnadeln, Ohrgehänge, Hals- und Armbänder, Gürtel und Agraffen u. dgl. Von besonderem Interesse dürften noch die Haartrachten der Römerinnen sein, die von der einfachsten und anspruchslosesten bis zur zusammengesetztesten und abgeschmacktesten sich vorfinden, und das Haar bald gescheitelt, bald ungescheitelt, bald in Zöpfen, bald in Locken gelegt erscheinen lassen; die Damen pflegten sie je nach der Form ihres Gesichtes oder der herrschenden Mode zu wählen. Auch fremde Haare wurden verwendet und dadurch die abenteuerlichsten Frisuren erzielt, so dass Juvenal VI, 502 f. einen solchen Kopfputz mit den Worten schildert:

„. . . . Sie belastet Stockwerk auf Stockwerk
sich den Kopf, erhebt ihn durch Bindebalken zum Thurme."

Unsere Abbildung stellt die Agrippina, die Gemahlin des Claudius und Mutter des Nero dar. Nach den grossen Falten und Brüchen ihres Gewandes erscheint dasselbe als aus starkem Wollstoff gefertigt. Die Statue befindet sich im Augusteum zu Dresden; sie hat eine Höhe von 6' 5".

69. Ein Faustkämpfer.

Unter den verschiedenen Arten von Wettkämpfen, in welchen in den Ringschulen (palaestrae) oder den Gymnasien Knaben und Jünglinge ausgebildet wurden, war bei weitem der gefährlichste der Faustkampf (πυγμή). Um den Schlag mit der geballten Faust noch zu verstärken und sie zugleich vor Verwundung zu schützen, wurde die Hand mit einem Geflechte von Riemen (später aus Ochsenhaut) umwunden, so jedoch, dass die Finger noch frei blieben und sich zur Faust ballen konnten. Die Enden dieser Riemen wurden über den Handgelenken mehrfach verschlungen, so dass namentlich die Pulsader gedeckt war, und oft reichte, wie auf unserer Abbildung, das Riemengeflecht bis zum Ellenbogen hinauf. Um aber durch den Schlag mit der Faust nicht bloss Beulen, sondern auch Wunden zu erzielen, waren die Schlagriemen mit Nägeln oder bleiernen Buckeln besetzt. Nachdem die Faustriemen durch Sachverständige angelegt waren, traten die Kämpfer auf die Mensur und beschrieben zuerst, um die Gelenkigkeit ihrer Arme zu prüfen, einige Bewegungen in der Luft. War das Signal zum Kampf gegeben, so legten sich die Fechter in der Weise, wie sie unsere Abbildung Fig. 69 zeigt, aus und dann begann der Kampf, wobei bald mit dem rechten, bald mit dem gleich bewehrten linken Arme geschlagen wurde. Die Anwendung unerlaubter Mittel wurde schwer geahndet. Die Schläge waren hauptsächlich gegen den Oberkörper und den Kopf gerichtet, wobei Zähne und Nase am schlimmsten wegzukommen pflegten. Der Kampf endigte erst dann, wenn der eine der Kämpfer durch Emporheben der Hände sich für besiegt erklärte.

Der auf unserer Tafel abgebildete Faustkämpfer befindet sich im Museum in Dresden. Die Statue ist aus bläulich-grünem Marmor gearbeitet. Der Fechter, mit dem linken Fuss an den Rumpf eines Palmbaums gelehnt, legt sich eben zum Kampfe aus und erwartet den Gegner.

Als ausgezeichnete Faustkämpfer werden von den Alten Amycus, der König der Bebryker in Bithynien, und Eryx, ein König der Elymer auf Sicilien, erwähnt, von denen der erstere von Pollux, der letztere von Hercules im Faustkampfe überwunden und getödtet worden sein soll.

70. Eine Vestalin.

Der Vesta-Cult gehört zu den ältesten Italiens. Nach Einigen stammte er aus Troja, woher er durch Aeneas gebracht worden sein soll, nach andern ist er altitalienischen Ursprungs, wie er sich denn frühe schon in Lavinium, Alba longa, Tibur und im Sabiner-Lande findet. In Rom wurde er durch Numa eingeführt und zum Dienste der Göttin zuerst 2, dann 4 Jungfrauen bestimmt, deren Zahl entweder von Tarquinius Priscus oder von Servius Tullius auf 6 vermehrt wurde. War in ihrem Collegium eine Stelle durch Tod oder Austritt erledigt, so wurden vom Pontifex 20 Jungfrauen ausgewählt, aus denen in concione eine durchs Loos ausgeschieden wurde. Zu Annahme der Stelle einer Vestalin war jede römische Jungfrau, welche die Erfordernisse zu einer solchen besass, verpflichtet; nur solche, welche schon eine Schwester unter den Vestalinnen hatten, oder die Tochter eines flamen, Augur, Quindecimvir, Septemvir oder Saliers, oder die Braut eines Pontifex oder tubicen sacrorum konnte die Wahl ablehnen. Die ausgewählte Jungfrau musste patrima und matrima sein, d. h. beide freigebornen Eltern mussten noch leben, sie durfte kein körperliches Gebrechen an sich haben und bei ihrem Eintritt ins Priesterthum nicht unter 6 und nicht über 10 Jahr alt sein. War die Aufnahme-Prüfung vollendet, so wurden ihnen die Haare abgeschnitten und sie für 30 Jahre dem Dienste der Göttin geweiht. In den ersten 10 Jahren lebten sie als Novizen und mussten den Dienst lernen, im zweiten Decennium übten sie ihn, und im dritten lehrten sie ihn den neu Gewählten. Nach Verfluss ihrer Dienstzeit konnten sie austreten und sich verheirathen, doch galt diess für bedenklich und die meisten blieben bis zu ihrem Tode. Die älteste Vestalin war, übrigens als prima inter pares, die angesehenste und hatte die Oberleitung der sacra. Die Vestalinnen genossen eine Menge Vorrechte. Beim Ausgehen begleitete sie ein Lictor, vor dem selbst der Consul auswich; an bestimmten Tagen durften sie im Wagen fahren; auf Beleidigung ihrer Person war Todesstrafe gesetzt; ihre Begleitung schützte vor jedem Angriff und wenn sie zufällig einem verurtheilten Verbrecher begegneten, so entging er der Bestrafung. Testamente, Verträge und Schätze glaubte man in ihrem Heiligthum am sichersten verwahrt. Im Theater und bei Fechterspielen hatten sie einen besonderen Ehrenplatz und nach ihrem Tod durften sie innerhalb der Stadtmauern begraben werden, was sonst nach einem Gesetz der XII Tafeln verboten war. Zu ihrem Unterhalt war ihnen ein wahrscheinlich in Naturalien bestehendes Stipendium de publico ausgesetzt und sie besassen wohl auch, wie die übrigen Priesterschaften, liegende Güter. Unter den Kaisern wurden ihre Einkünfte wesentlich vermehrt. Als Hüterinnen des heiligen Feuers mussten sie zunächst dafür sorgen, dass dasselbe nicht durch ihre Schuld erlosch. Geschah dies doch, so wurde die Schuldige vom Pontifex maximus körperlich gezüchtigt. Ungleich härter aber war die Bestrafung, wenn eine Vestalin das Gelübde der Keuschheit gebrochen hatte. Auf dieses Vergehen stand nach altem Gesetz der Tod. Der Unglücklichen wurde zunächst die auszeichnende Kopfbinde und der Schleier abgenommen, sie sodann gegeisselt und unter dem Geleite von Freunden und Verwandten auf einer Sänfte durch die Strassen getragen und am Colliner Thor auf dem Campus sceleratus in eine kleine, ausgemauerte Cella mit einigen Speisen, einem Licht und einem Bett lebendig begraben. Es sind etwa 12 Fälle bekannt, wo diese Strafe in Anwendung gebracht wurde. Der Verführer wurde mit Geisseln gehauen, bis er starb. Der Tag, an welchem eine Vestalin eingemauert wurde, galt für einen allgemeinen Trauertag der Stadt und es mussten nun der Göttin grosse Sühnopfer dargebracht werden.

Die Kleidung der Vestalinnen bestand in einem diademartigen Stirnband (infula) mit herabhängenden Bändern (vittae), bei feierlichen Aufzügen oder während des Opfers einem weissen Schleier (suffibulum), der unter dem Kinn durch eine fibula zusammengehalten wurde und in einem langen weissen, mit Purpur verbrämten Oberkleid.

Sichere Statuen dieser Priesterinnen sind wenige auf uns gekommen, am häufigsten finden sich Abbildungen davon auf Münzen. Die auf unserer Tafel abgebildete Vestalin ist nach einer angeblichen Vesta-Statue im Florentiner Museum und einem im kaiserlichen Cabinet in Paris befindlichen, den Namen Bellicia modesta tragenden Brustbild einer Vestalin komponirt.

71 und 72. Vasen und Vasengemälde.

Unter den Prunk-Geschirren der alten Griechen und Römer nehmen die Vasen die erste Stelle ein und die auf unsere Zeit gekommenen Exemplare von den mannigfaltigsten Gestalten legen Zeugniss ab von dem hohen Schönheits-Gefühl, das die Verfertiger derselben erfüllte und leitete, wie überhaupt von der Vollendung der Töpferkunst bei den Alten. Dem ältesten Stil gehören einfache Gefässe von mässiger Grösse und mehr oder minder gedrückter Gestalt an, die wohl zuerst in korinthischen Werkstätten, vielleicht von dorischen Meistern, gefertigt wurden. Sie sind meist aus gelblichem oder blassroth gefärbtem Thon und mit dunklen Tönen, denen zuweilen violett und weiss beigemischt ist, bemalt, welche in horizontalen Streifen um dieselben hergezogen, Rosetten, Lotos oder andere Blumen und phantastische Thiergruppen (Löwen, Widder, Hirsche, Sphinxe und ähnliche an orientalischen Geschmack erinnernde Ungeheuer) darstellen. Dahin gehört die auf unserer Tafel 72 abgebildete sogenannte Dodwell'sche Vase in der Münchner Gallerie. Dieselbe wurde bei Corinth gefunden und hat schwarze und rothbraune Figuren auf hellgelbem Grunde. Die innern Linien der Figuren sind mit einem spitzen Instrument eingekratzt. Zwei Streifen mit arabeskenartigen Thierfiguren umgeben den Körper des Gefässes, während auf dessen Deckel eine mythische Begebenheit, die Eberjagd des Therandros, dargestellt ist. Sowohl die Zeichnung der Figuren als die Form der Buchstaben auf dem Deckel sind vom ältesten Charakter und lassen die Vase als der frühesten Periode angehörig erscheinen. Den Uebergang von den korinthischen Vasen bildeten die sogenannten altattischen, welche grösstentheils Darstellungen aus der Heroen- und Götterwelt enthalten. Die Gestalten auf diesen Vasen, theils starr und leblos, theils hastig bewegt und in ihren Formen überscharf ausgeprägt, sind zwar meist auch noch in schwarzer Farbe auf gelblichem oder weisslichen Thon gemalt, doch finden sich schon auch solche, deren Stoff die Beimischung von Röthel, die rothe Grundfarbe der späteren Vasen, zeigt. Die nun folgenden Vasen des sogenannten alten Stils zeigen zierlichere Formen und lebendig gegliederte Gruppen meist in schwarzen und weissen Farben auf dem rothen Thon. Mit den schwarzen Farben wurden meist die Männer gezeichnet, mit den weissen die dunklen Theile der Frauen, sowie einzelne Theile ihrer Gewänder bestimmter hervorgehoben. Die höchste Blüte der Technik in dieser Töpferarbeiten fällt in das Ende des 5. und ins 4. Jahrhundert v. Chr. In der alexandrinischen Zeit fangen dieselben bereits an, übergrosse Dimensionen anzunehmen und das edle Mass in Form und Ausschmückung macht einer prunkvollen Uebertreibung Platz, welche Prachtgefässe bis zu 5' Höhe schuf. Auf dem glänzend-schwarzen Grunde derselben heben sich die Gestalten in dem rothen Thon in der ursprünglichen Masse ab, doch zeigt sich in Beimischung anderer Farben, namentlich der gelben und weissen, und in den massenhaft beigegebenen Pflanzen- und Blumengewinden bereits eine Einmischung fremder Elemente. Dieselben scheinen meist in Unter-Italien ihren Ursprung erhalten zu haben, wie denn auch die meisten Gefässe dieser Art in Campanien, Apulien und Lucanien gefunden werden*). Die Vasen-Gemälde zeigen nun nicht mehr bloss Darstellungen aus der Thier- und Pflanzenwelt oder aus dem Heroen- und Göttersagen, sondern es wurden nun auch vielfach Scenen aus dem geselligen Privatleben dargestellt, die in der Regel nur leicht, oft oberflächlich oder skizzenhaft behandelt sind. Mit dem Verlöschen althellenischer Sitte hört auch die Gefässmalerei auf und statt Töpfergeschirren kommen nun allmählig metallene und steinerne Geräthe in Aufnahme. — Eine der schönsten Vasen apulischer Herkunft und des gesammten Vasenschatzes überhaupt ist die auf Tafel 71 abgebildete Amphora, die im Jahre 1835 mit andern bemalten Thongefässen und Metallgegenständen in einer Grabkammer dicht an der Mauer der apulischen Stadt Ruvo (dem Rubi der Alten) völlig unversehrt gefunden wurde und die jetzt im Museo Borbonico in Neapel aufbewahrt wird. Die auf ihr angebrachten Gemälde stellen in zwei Hauptgruppen Ereignisse aus dem reichen Amazonen-Mythus dar.

*) Hauptfundorte der Vasen sind in Campanien, Apulien, Lucanien, namentlich Pompeji und Herculanum, Arpi, Atella, Avella, Calvi, Capua, Sorrento, Teano, Paestum, Cumae, Nocera, Posilippo, Tarent, Canusa, Rufo, Bari, Bitonto, Ceglie, Lanciano, Ruvo, Locri u. s. w.; in Etrurien Corneto, Chiusi (Clusium) und besonders Vulci, an welch letzterem Orte im Jahre 1828 mehr als 6000 Thongefässe von den schönsten Formen und Gemälden im griechischen Stil und mit Darstellungen griechischer Mythen ausgegraben wurden. Auf Sicilien sind namentlich Agrigent, Gela und Camarina, Syracus und Leontini reich an solch antiken Gefässen.